Oswald Holder-Egger

Über die Weltchronik des sogenannten Severus Sulpitius

und südgallische Annalen des fünften Jahrhunderts

Oswald Holder-Egger

Über die Weltchronik des sogenannten Severus Sulpitius
und südgallische Annalen des fünften Jahrhunderts

ISBN/EAN: 9783743473096

Hergestellt in Europa, USA, Kanada, Australien, Japan

Cover: Foto ©ninafisch / pixelio.de

Manufactured and distributed by brebook publishing software (www.brebook.com)

Oswald Holder-Egger

Über die Weltchronik des sogenannten Severus Sulpitius

ÜBER
DIE WELTCHRONIK

DES

SOGENANNTEN SEVERUS SULPITIUS

UND

SÜDGALLISCHE ANNALEN

DES FÜNFTEN JAHRHUNDERTS.

EINE QUELLENUNTERSUCHUNG

VON

Dr. OSWALD HOLDER-EGGER.

GÖTTINGEN.
ROBERT PEPPMÜLLER.
1875.

Meinen Eltern.

Die folgende Arbeit setzt an einigen Stellen andere Untersuchungen, namentlich über die Annalen von Ravenna voraus, welche noch nicht gedruckt sind. Sie hat den Zwek, mir als Dissertation zur Erlangung der philosophischen Doctorwürde zu dienen, ihr Druck darf darum nicht länger verzögert werden. Wenn ich also einige mal den Beweis für meine Behauptungen schuldig geblieben bin, muss ich auf jene Untersuchungen verweisen, welche demnächst erscheinen werden.

Ich nehme hier Gelegenheit, meinem hochverehrten Lehrer Herrn Geheimen Regierungsrath Professor Waitz meinen Dank auszusprechen, für die gütige Leitung und Förderung meiner Studien.

I. Die Weltchronik

des

sogenannten Severus Sulpitius.

Der spanische Augustiner Henrique Florez gab im vorigen Jahrhundert in seiner España sagrada [1]) eine Chronik heraus unter dem Titel „Chronicon atribuido à Severo Sulpicio", welche das Unglück gehabt hat, bisher fast gar nicht beachtet zu werden. Ihr historischer Wert ist gering, aber das wenige, was sie bietet, ist noch nicht in die Geschichtsdarstellungen übergegangen [2]). Der Grund dafür ist jedenfalls, dass sie an einem nicht Jedem zugänglichen Orte gedruckt und nicht in die Chronikensammlung von Roncalli aufgenommen war. In mehr als einer Beziehung und nicht nur durch seine eigentümlichen Nachrichten, welche sich auf die quellenarme zweite Hälfte des fünften Jahrhunderts beziehen, ist das Werkchen merkwürdig, es erweckt Interesse schon dadurch, dass es einige nicht recht lösbare Rätsel aufgiebt, ja selbst ein wenig rätselhaft erscheint.

Florez' Ausgabe dieser Chronik ist der unveränderte Abdruck einer Handschrift des 13. Jahrhunderts, welche er, nachdem er eben von zwei Handschriften des kürzeren Idatius gesprochen hat, mit folgenden Worten beschreibt [3]): El mis-

---

1) T. IV. p. 430—456 (Madrid 1749).
2) Neuerdings hat Kaufmann es herangezogen für seine Untersuchungen „Ueber die Hunnenschlacht des Jahres 451" in Forschungen z. dt. Gesch. VIII, 123 ff. und „über die Schlacht von Vouglé 507" in Sybel's Hist. Ztschr. Bd. XXX (1873) S. 17. — Auch A. Jahn in seiner Geschichte der Burgundionen und Burgundiens hat es bereits benutzt.
3) vgl. Esp. sagr. IV p. 419.

mo—y de Escritura mas antigua, que los dos Mss. precedentes—
conserva la Bibliotheca del Colegio Major de S. Ildefonso
de Alcalà, en el Codigo ... donde están los Chronicones
de Eusebio, S. Geronymo, Prospero, Victor Tunense, Sulpicio,
y otros, cuya letra es del fin del Siglo XIII. tomo en folio,
membranaceo, bien conservado. Auf den Sulpicio, welcher
mit den Worten schliesst: ‚Hucusque Severus qui et Sulpitius,‘
folgt der [1]) Auszug aus Idatius Chronik, beginnend „Dehinc
Idatius Gallaeciae Episcopus iterum retexit historiae ordinem."
Die auch sonst, namentlich wegen ihres Prosper mit der
Fortsetzung des Victor von Tunnuna, wichtige Handschrift
scheint verschollen: Die besseren Handschriften von Alcalà
sind in die Universitätsbibliothek nach Madrid [2]) gekommen,
in dem Verzeichniss derselben führt Knust [3]) unter E. 26
n. 75 einen Codex auf, welcher „Chronicon Eusebii et ali-
orum" enthielt, er fehlte jedoch bei Knust's Anwesenheit in
Madrid. Nicht unmöglich, dass diese Handschrift die von
Florez benutzte war.

Der Teil der Handschrift, welcher durch die Schlussnotiz einem Severus Sulpitius zugeschrieben wird, ist eine
Weltchronik von Adam bis zum 19. Jahr des Kaisers Anastasius. Die Schlussworte lauten: XIX Anastasii Imperatoris anno: Consulatus fuit. et felici succedit indictio. fuit.
IIII. Era DXVII. ab hoc consule qui vult per indictiones
computet, vel per Eram. Ab Era usque in nostris temporibus
in quo est Era DCCLXXI creverunt anni CCXXIIII. Fiunt
ab initio anni V̄. DCCCCXXXI. Die handschriftliche Lesung
des ersten Satzes giebt keinen Sinn. Aus den Worten „ab
hoc Consule" geht hervor, dass im vorhergehenden der Name
eines Consuls zu suchen ist. Das 19. Jahr des Kaisers Anastasius ist 510 p. Chr., die vierte Indiction fällt aber auf 511.
Anstatt Era DXVII ist zu lesen Era DXLVII, wie Florez
bemerkt [4]), das ist gleich 509 p. Chr.: von den Consuln dieser
drei Jahre, unter denen wir die Wahl haben, kann in den
angeführten Worten nur der Consul Felix des Jahres 511
gefunden werden [5]), der mit felici bezeichnet ist. Der zweite
Consul des Jahres 511 war Secundinus und man könnte ihn

---

1) Diesen giebt Florez l. c. p. 422—427.
2) Die in Alcalà zurückgebliebenen Handschriften erklärt Hänel für rein theologischen Inhalts und meist wertlos.
3) vgl. Pertz Archiv VIII, 808.
4) Das geht schon aus dem folgenden hervor, wonach von diesem Jahre bis zu era 771, 224 Jahre verflossen sind.
5) So Florez p. 454.

in dem sonst nicht verwendbaren Worte „succedit" finden, so dass also zu lesen wäre: XIX Anastasii Imp. anno Consulatus fuit Felicis et Secundini, indictio fuit IV, era DXLVII[1]), nur scheint das folgende „ab *hoc* consule" dagegen zu sprechen, dass zwei Consuln genannt waren[2]). Der Gebrauch der Era weist schon bestimmt auf die Heimat des Verfassers hin. Die folgenden Worte lehren, dass der Verfasser nicht bis zu seiner Zeit seine Arbeit fortführte, der Schlusssatz würde mit Bestimmtheit das Jahr geben, in welchem der Chronist seine Arbeit vollendete, wenn die Angabe von ihm herrührte. Diese Fragen sind aber wohl besser später zu erörtern, nachdem wir die Chronik selbst etwas näher kennen gelernt haben. Hier soll constatirt werden, dass wir über ihren Verfasser, Entstehungs-Zeit und Ort nichts wissen, ausser was wir durch Speculation aus ihr selbst ermitteln können. — Die Zahlangaben der Schlussnotiz stimmen fast genau zusammen, denn Era 771 = 733 p. Chr. ist nach hieronymianischer Rechnung, welcher unser Chronist folgt[3]) a. mundi V. DCCCCXXXI, oder V̄DCCCCXXXII.

Auf diese Notiz folgt in der Handschrift unmittelbar und ohne unterscheidenden Absatz[4]) ein Abschnitt, der einige Computationen giebt, einiges früher übergangene über Carthago, Babylon, Macedonien, Amazonen nachholt. Er bildet nicht, wie Florez meint, ein neues Chronikon, sondern ist ein integrirender Teil der grösseren Chronik, schon weil die Handschrift beide Teile nicht unterscheidet, dann aber weil er aus denselben Quellen, wie wir sehen werden, geschöpft ist, welche der Verfasser der Chronik und zwar in derselben Weise benutzt hat. —

Die etwas willkürlichen Wortänderungen, welche oben vorgenommen wurden, rechtfertigen sich durch die Beschaffenheit des vorliegenden Textes. Wie schon gesagt, hat der Herausgeber die Handschrift unverändert abdrucken lassen

---

1) Denn hiezu gehört offenbar schon diese Zeitbestimmung, nicht zum folgenden Satze, zu dem sie Florez zieht. Der Chronist bezeichnet eben das Schlussjahr nach vier ihm bekannten Rechnungsweisen, verrechnet sich aber ein wenig.

2) Indess kann „consule" leicht eine falsche Auflösung einer Abkürzung für „consulatu" sein.

3) Wie Hieron. setzt unsere Chronik Christi Geburt in das Jahr 5199 der Welt. 5199 + 733 = 5932.

4) Florez p. 454: Aqui prosigue immediatamente el Ms. con unos computos, que parece forman un nuevo Chronicon.

und nur wo Besserungen sehr nahe lagen und durchaus zum leidlichen Verständniss notwendig waren, solche beigefügt. Schon ihre grosse Anzahl zeigt die Verderbniss und dass der Schreiber nicht immer verstand, was er schrieb, sie lassen sich aber leicht vermehren [1]). Namentlich häufig sind Zahlen und Namen verderbt und oft sind Worte ausgefallen[2]). Der Verderbniss halber wird es schwer die Sprache des Verfassers zu beurteilen.

Man ist berechtigt, jedes plötzlich auftauchende spanische Chronikon mit gewisser Vorsicht aufzunehmen, da man in Spanien beliebt hat, gerade für die ältere Zeit mehrfach Geschichtsquellen zu fälschen. Ein momentanes Misstrauen, welches bei dem Nachweis der Quellen dieser Chronik wol entstehen kann, wird schon durch die Bemerkung von Florez beseitigt, dass er eine Handschrift des 13. Jahrhunderts benutzt hat, und erweist sich bald als ungerechtfertigt. Die Grundlage unserer Chronik bis zum Jahre 378 p. Chr. ist die des Eusebius-Hieronymus. Diese wird mit besonderer Rücksicht auf jüdische, dann auf die römische Geschichte excerpirt; aus der orientalischen und griechischen Sage und Geschichte wird nur selten etwas aufgenommen. Der Verfasser befleissigt sich möglichster Kürze, namentlich in dem ersten Abschnitt bis auf Christi Geburt kommt es ihm mehr auf ein chronologisches Gerüst, als auf Reichtum der Nachrichten an, deshalb liebt er Computationen und bringt solche häufiger als Hieronymus. Den Geschichtsstoff teilt er, im Anschluss an seine Hauptquelle oder doch von ihr nicht abweichend, in die Zeit von Anbeginn der Welt bis auf König David, in die Zeit der hebräischen Könige einschliesslich der babylonischen Gefangenschaft und in die Zeit der römischen Consuln, kennt also die Einteilung nach sechs Weltaltern noch nicht. In dem ersten Abschnitte kann man Unterabteilungen nach den Hauptepochen der biblischen Erzählung unterscheiden, den letzteren teilt wol die Passio Christi in zwei Teile. — Der überwiegende Teil der von

---

1) z. B. p. 434 Z. 17 lies has alias st. halasias; p. 435 Z. 11 Dan st. Juda, Z. 21 Delphius Philammon st. ipsius Velemon; p. 439 Z. 31 Tribuni plebis st. leges; p. 443 Z. 20 Petronio st. Praetorio; p. 444 Z. 14 rediguntur st. religantur; p. 446 Z. 2 wol jussus est st. visus est. Z. 10 Adiabenos st. Alafenos; p. 449 Z. 3 scheint an der corrumpirten Stelle: constantium vero i ac'spo Caesarem facit gelesen werden zu müssen: vivo etiam Crispo oder vero pro Crispo; p. 450 Z. 7 ist von anomoeoque nur ecq. übrig geblieben, Z. 15 lies Aetii oder Etii für ejus, Z. 16 Auxentii für antedicti etc.

2) z. B. p. 434 Z. 25 fehlt wol pro Lea, p. 439 Z. 18 Domini; p. 442 Z. 30: Pilatus; p. 448 Z. 36 Alexandriae.

ihm aufgenommenen Nachrichten beschäftigt sich mit der
jüdischen, dann mit der Kirchengeschichte. Die römische
Geschichte tritt dagegen anfänglich zurück: Aus dem zweiten
Jahrhundert a. Chr. erwähnt er nur den dritten punischen
Krieg, die Einnahme von Carthago und den Krieg gegen
Jugurtha, während er z. B. alle Nachrichten über jüdische
Aufstände in den ersten Jahrhunderten p. Chr. aufnimmt.
Die Namen der römischen Bischöfe nebst ihrer Regierungs-
dauer trägt er regelmässig ein, dabei rechnet er S. Peter
schon für den ersten Bischof von Rom, ist deshalb in der
Papstreihe dem Hieronymus immer um eine Nummer voraus,
der sie erst mit Peter's Nachfolger Linus beginnt. Die Ex-
cerpte sind nicht mit Ungeschick gemacht. So weit es sein
Streben nach Kürze erlaubt, hält sich der Autor natürlich an
die Worte seiner Quelle, doch schon hier zeigt sich eine
Neigung zu selbständiger, freierer Tätigkeit, der das blosse
Abschreiben nicht genügt. Das zeigt sich zunächst in kleinen
Aenderungen und Zusätzen: Aus Hieronymus' „Camillus
Gallos qui bellum Romanis intulerant superat" macht er ganz
richtig (p. 439) „Chamellus Gallos *victores* superat". Statt
„Phalaris tyrannus apud Agrigentinos" sagt er[1]) „tyrannus
Siciliae". Des Hieronymus Worte[2]) „Agrippa filius Aristobuli,
filii Herodis regis, accusator Herodis tetrachae" ändert er
passend in[3]) „Agrippa filius Aristoboli *nepos* Herodes *senioris*
accusator Herodis tetrarchae, *filii Herodis*". Etwas ähnliches
ist es, wenn er den Zusatz macht: Ab Adam vero usque
ad praedicationem Domini anni VCCXXVIII, den er gewinnt,
indem er des Hieronymus' Computationen zusammenrechnet[4]).
Freilich gelingen ihm dergleichen Aenderungen nicht immer
gleich gut: Zum Jahre Abr. 1624 = 390/91, a. Chr. hat Hieron. die Notiz: „Carthaginiensium bellum famosissimum" und
meint damit den Krieg der Carthager auf Sicilien, der ihnen
Agrigent, Selinus und andere Städte einbrachte, daraus macht
unser Chronikant[5]) aber „Bellum Punicum primum" und es
folgen bei ihm nun aufeinander: Erster punischer Krieg,
Alexander der Grosse wird geboren, Camillus überwindet die
Gallier. Ebenso unglücklich ändert er „Jugurtha contra
Romanos dimicans" in „contra Romanos *bellum civile* movens"

---

1) p. 438.
2) a. Abr. 2051. Ronc. I, 425.
3) p. 443. So ist mit Florez zu bessern statt ejus ristoboli und
senioribus.
4) Er bringt aber diese Computation zum 18. Jahre des Tiberius
statt zum 15. wie Hieron.
5) p. 439.

(p. 441) und fügt in den Satz „Domitiani uxor Augusta appellatur" unrichtig *prima* Augusta ein.
Eben wegen dieses Strebens nach selbständiger Tätigkeit begnügt er sich nicht mit Excerpiren einer Quelle, sondern benutzt eine ganze Anzahl anderer daneben, zunächst des Orosius historiae adversus paganos, aus denen sich ein unverständlicher Satz der Chronik [1]) „CCCXXX triumphos Romanorum de Judaeis triumphaverunt Vespasianus et Titus simul" erklärt. Orosius [2]) sagt nämlich: Vespasianus et Titus Imperatores, magnificum agentes de Judaeis triumphum, urbem ingressi sunt. Pulchrum et ignotum antea cunctis mortalibus *inter trecentos viginti triumphos*, qui a conditione urbis usque in id tempus acti erant, hoc spectaculum fuit, patrem et filium uno triumphali curru vectos gloriosissimam ab his, qui patrem et filium offenderant, victoriam reportasse. Ebenso gewinnt eine andere Stelle aus diesem Autor allein ihre Erklärung. Seiner gewöhnlichen Quelle, dem Hieronymus, hat der Compilator die Worte entnommen [3]) (p. 437) „Regnante Procha regnum Babyloniae defecit post annos MCCXL" fügt aber bei „Post totidem ab Alarico vastatur" nach Oros. II, 3: Ita Babylon post annos 1164 quam condita erat, a Medis et ab Arbato rege eorum . . . spoliata opibus et regno . . . privata est . . . Similiter *et Roma post annos totidem*, hoc est 1164 *a Gothis et Alarico rege* eorum . . . *irrupta et opibus spoliata*. In dem Text des angeblichen Sev. Sulp. ist also Roma ausgefallen, aber der Autor ist dafür verantwortlich, dass er ruhig eine Bemerkung aus Orosius einfügt, welche mit seinen aus Hier. genommenen Zahlen nicht stimmt [4]). Sonst ist gar wenig aus Orosius entnommen, nur gelegentlich einige Worte, deren Uebernahme die eigentümliche Compilationsweise des Chronisten zeigt. So z. B. [5]) „Hic (sc.: Domitianus) occisus in palatio et per vespillones *sandapila*

---

1) p. 444.
2) Oros. VII, 9 (ad fidem recensionis Havercampi. Thorunii 1857) p. 270.
3) Hieron. a. Abr. 1197: Usque ad id tempus fuisse reges Assyriorum historia refert . . . Omnes autem anni regni Assyriorum a primo anno Nini supputantur MCCXL. (Regnum Babyloniae ist hier gleichbedeutend mit regnum Assyriorum).
4) Orosius meint nämlich von Gründung der Stadt 754 a. Chr. bis zur Einnahme durch Alarich 410 p. Chr. seien 1164 Jahre. Unser Autor hat mit seiner Angabe die Sache schwerlich berechnet, doch würde die Differenz nicht gar zu gross gewesen sein, wenn er von dem J. Abr., bei welchem er die Notiz im Hieron. fand, seine 1240 Jahre rechnete: a. Abr. 1197 = 818 a. Chr.; 818 a. Chr. + 1240 = 422 p. Chr.
5) p. 444.

effertur" ist abgeschrieben aus Hier. a. Abr. 2112: Domitianus occisus in palatio et per vespillones ignobiliter exportatus, nur das eine Wort „sandapila" giebt Orosius [1]). Ganz ähnliches Verhältniss zeigt folgende Stelle:

Hier. a. Abr. 2357.	Sev. Sulp. p. 449.	Oros. VII, 29.
Constantinus fratri bellum inserens.	Constantinus Constanti fratri bellum inserens.	Constantinus dum Constantem fratrem bello insectatur.

Ebenso Sev. Sulp. p. 450: Jovianus ... *in Galatia* moritur. Hier. a. Abr. 2381: Dadastanae moritur. Oros. VII, 31: dum *per Galatiam* iter agit ... vitam finivit. Dem letzteren ist noch folgender Satz entnommen (p. 450): *Cui* (sc: Juliano) Constantius *bellum civile movens* inter Ciliciam et Cappadociam moritur [2]). Endlich ist aus Orosius alles, mit Ausnahme eines einzigen Satzes [3]) geschöpft, was der Anhang am Schluss des Chronikons bringt. Es ist schon gesagt, dass von der griechischen und orientalischen Geschichte der Compilator wenig in seine Chronik aufnahm, hier holt er nun einiges davon nach und benutzt dafür lieber Orosius als Hieronymus wol aus dem einfachen Grunde, weil dieser ihm den Stoff im Zusammenhange bot, den er sich bei Hieronymus erst hätte zusammensuchen müssen. Der Hauptzweck ist dabei die chronologische Bestimmung einiger wichtiger Ereignisse der Universalgeschichte im Verhältniss zur römischen Stadtgründungsaera, welche Orosius anwendet. Es mochte ihm schwer werden, eben wegen der anderen Rechnungsweise welche Oros. befolgt, dessen ihm wichtig erscheinende Angaben in seine Excerpte aus Hieronymus chronologisch einzuordnen, er hängt sie deshalb am Schluss an.

So ist dieser kurze Auszug aus allen Büchern des Orosius zusammengesucht, zuweilen eine kurze Notiz aus verschiedenen Capiteln compilirt [4]): eine mühsame Arbeit, die

---

1) Oros. VII, 10: Domitianus crudeliter in palatio a suis interfectus est, cujus cadaver populari *sandapila* per vespillones exportatum atque ignominiosissime sepultum est.
2) Oros. VII, 29: Constantius, Juliani scelere comperto ... *dum ad civile bellum revertitur* in itinere inter Ciliciam Cappadociamque moritur. Ganz ähnlich, weil beide ihn aus Eutrop haben, aber mit Weglassung der entscheidenden Worte, lautet der Satz bei Hier. a. Abr. 2378: Constantius Mopsucrenis inter Ciliciam Cappadociamque moritur.
3) Der Satz tunc et Artaxesses plurimos Judaeorum in Hircania ad mare Caspium transmigravit ist aus Hier. a. Abr. 1659. Ronc. I, 354.
4) Ante—Assyriis I, 4; Ante—Sodomae I, 5; Ante—Joseph I, 8; Ante—Amazones I, 14. 15; Ante—excidium Trojae I, 17; Philari tempore Perillus taurum heneum (fecit) (so ist zu lesen) I, 20; Ante—regnavit I, 20; Post—Consul II, 5; Tarquinius—fuerunt II, 6; Chirus (l.: Cyrus) —occidi-

schon darum dem Verfasser der Chronik angehören möchte, weil er auch auf diese grossen Fleiss verwendet. Er hat in dem Anhange einmal einen bemerkenswerten Zusatz gemacht, er spricht (p. 455) von dem Umfange der Mauern Babylons und sagt „circuitus vero stadiis CCCCLXXX *quae faciunt milliaria* LXIIII *semis"*, während Orosius nur sagt (II, 6): Caeterum ambitus ejus quadringentis et octoginta stadiis circumvenitur. Der Zusatz ist also von ihm selbst gemacht — denn dass da noch eine zweite Quelle vorläge ist wol kaum möglich — und beweist, dass er mit der Stadienrechnung vertraut war [1]). — Dieses selbe Capitel des Orosius hat unser Chronist auch schon früher in der Chronik benutzt, denn er macht aus Hieron. a. Abr. 1456: „Cyrus... regnavit Persis, subverso Astyage rege Medorum" seinerseits[2]) „victo Astyage *vel Croeso* rege Medorum", nun erzählt Oros. in dem erwähnten Capitel die Besiegung des Croesus, nennt aber Astyages gar nicht, wodurch sich die Verwechselung und Identificirung beider Personen bei Sev. Sulp. erklärt [3]). Weiter reicht aber auch die Benutzung des Orosius in dem ersten Teile der Chronik bis 378 [4]) nicht, wenn wir noch eine Notiz ausnehmen, welche besonders interessant ist, weil in ihr drei Quellen zusammencompilirt sind. Es ist zu bemerken, wie wenig dieser Quelle der Chronist, abgesehen von dem Anhange, entnommen hat: Zwei bis drei wirkliche Zusätze sind aus ihr gemacht, an vier Stellen etwa ist ein Wort aus ihr entlehnt, es darf deshalb nicht Wunder nehmen, wenn wir dasselbe Verhältniss auch zu andern Quellen fernerhin finden. Der Satz (p. 449): Occiso Gallo Constantio Histriae pro suspicione, Julianus Galli frater *annorum* XXIII a Constantio factus Caesar *ad tuendas Gallias mittitur*, ist zum Teil dem Hieron. [5]) entlehnt, der Zusatz, dass Julian nach

---

tur II, 7; Post-transmigravit: Hier.; Ab Urbe-Christi VII, 3; Anno-venit VII, 6; Anno-ICII: VII, 9; Anno-vocat VII, 13; Ab Augusto-habuit VII, 20; Carthago-condita est: IV, 4; Et post-redacta IV, 23; recuperata-CII: V, 12; Situs-mari IV, 22; Babylonia-quatergeminae: II, 6; Philippus-perdidit III, 12; Hujus-caesa sunt III, 16, 17; Linus-regnavit I, 15.

1) Er rechnet $7\frac{1}{2}$ Stadien auf eine Millie, die Millie also zu c. 4500 Fuss.
2) p. 439.
3) Hieron. bringt freilich auch mehrere Notizen über Croesus, aber wenn der Verfasser der Chronik diese lss, so konnte er nicht jenen Fehler mit der Verwechselung der beiden Könige machen.
4) So müssen wir nämlich für die Quellenuntersuchung einteilen.
5) Gallus Caesar sollicitatus a Constantio patrueli, cui in suspicionem ob egregiam indolem venerat, in Istria occiditur und a. Abr. 2873: Julianus, frater Galli, Mediolani Caesar appellatur.

Gallien geschickt worden sei, dem Oros. (VII, 29)[1]), doch so, dass er den Ausdruck „ad tuendas Gallias" dem Hier. entnimmt, der kurz zuvor dieselben Worte von Decentius braucht[2]). Die Bemerkung aber, dass Julian 23 Jahre alt war, als er zum Caesar erhoben wurde, lässt sich nur auf die Epitome aus der Kaisergeschichte des Sextus Aurelius Victor zurückführen; dort heisst es cap. 42:[3]) Constantius Claudium Julianum, fratrem Galli, honore Caesaris adsumit, annos *natum fere tres atque viginti*[4]). Eine andere auf Julian bezügliche Stelle des Sev. Sulp. findet sich weder in Hier. noch in Oros.[5]), wol aber stimmen die Worte desselben (p. 450) „Julianus a militibus Augustus appellatur" mit epit. c. 42:[6]) „Hic a militibus Gallicanis Augustus pronunciatur." — Höchstens noch eine unbedeutende Notiz[7]) erklärt sich aus dieser Quelle, doch scheint es, als ob wir auch auf diese geringen Anzeichen hin, Benutzung derselben in der Chronik annehmen müssten. Nach den hier gemachten und noch zu machenden Erfahrungen über die Compilationsweise des Chronisten, kann die Dürftigkeit der Benutzung nicht überhaupt gegen die Benutzung einer Quelle sprechen.

Mit grösserer Sicherheit lässt sich die Bekanntschaft unseres Autors mit des Rufinus v. Aquileja Uebersetzung und Fortsetzung der eusebianischen Kirchengeschichte erweisen. Er sagt vom Papst Victor unter dem Regierungsjahr des Helvius Pertinax:[8]) Hic Theodorum (l. Theodotum) Choriarium Romae de ecclesia ejecit, quem Paulus Samosatenus secutus est, sicut primus Arthemon, eine Notiz, welche ihm keine der

---

1) Oros. VII, 29: Igitur Sylvano interfecto Julianum patruelem suum, Galli fratrem, Caesarem creatum *misit ad Gallias*.
2) Hier. a. Abr. 2370: Magnentius . . . propria se manu interfecit, et Decentius frater ejus, quem *ad tuendas Gallias* miserat, apud Senonas laqueo vitam explet.
3) In Sexti Aurelii Victoris historia Romana ed. Jo. Arntzen (Amsterdam u. Utrecht 1733. 4.) p. 579.
4) Die Angabe ist nicht genau richtig, denn Julian wurde 331 geboren und den 6. Nov. 355 zum Caesar erhoben cf. Fasti Idat. in Chron. pasch. ed. Bonn. II, 168.
5) Oros. VII, 29 sagt nur: His elatus successibus fastigium usurpavit Augusti.
6) ed. Arntzen p. 580.
7) Esp. sagr. IV, 448: Occisus Maxentius . . . ad pontem Molinum (l. Milvium) *lapsus in Tiberim*. Der ganze Satz mit Ausnahme der Worte „lapsus in Tiberim" ist aus Hier. a. Abr. 2330 (Ronc. I, 491), den Zusatz giebt Aurel. Victor epit c. 40 (ed. Arntzen p. 567) Maxentius . . . parllo superius a ponte Mulvio in pontem navigiis compositum ab latere ingredi festinans, *lapsu equi in profundum demersus est*.
8) Esp. sagr. IV, 446.

bisher besprochenen Quellen lieferte. Rufinus [1]), oder vielmehr Eusebius durch ihn, spricht V, 27. 28 von Kirchenschriftstellern, welche zur Zeit der Kaiser Pertinax und Septimius Severus geschrieben und Häresien widerlegt hätten „*ut Artemonis illius Haereseos auctores, quam postmodum Paulus Samosatenus nostris jam pene temporibus instaurare conatus est.*" Die Anhänger dieser Häresie — fährt er fort — hätten behauptet, ihr Dogma wäre von der Apostel Zeiten bis auf Papst Victor allgemein anerkannt gewesen. Ihnen antwortet Eusebius-Rufinus: Quomodo autem Victori de hoc calumniam faciunt, qui sciant *Victorem Theodotum Coriarium*, qui princeps et pater extiterat impietatis ipsorum *e communione Ecclesiae repulisse*, qui primus *Romae* ausus est dicere purum hominem fuisse Christum? Nicht ungeschickt hat unser Chronist aus der nicht leicht verständlichen Stelle des Rufinus seine Notiz gezogen und sich dennoch möglichst an dessen Worte gehalten. — Ebenso ist die von Hieron. nicht erwähnte Notiz (p. 447): Sabellius apud Ptolemaydem Penthapolis haereticus aus Rufinus geschöpft. Er zählt (VII, 4 u. 5.) [2]) dort die Schriften eines Dionysius von Alexandrien auf und sagt: Indicavit autem pariter etiam de Sabellii haeresi, quae temporibus ipsius exorta sit, scribens haec: „Quid autem dicam de ea doctrina, quae *apud Ptolemaidam Pentapoleos* nuper exorta est? etc." — Derselben Quelle sind folgende Stellen entnommen, welche sich sämmtlich nicht bei Hieron. finden: (p. 449) Divisa Arriana haeresis in Eumanios (l. Eunomianos), Arrianos et Macedonianos [3]). Ebenda p. 447: Damnatio Pauli Samosateni Antiochia [4]); p. 449: Constantinus Orienti et Constans Italiae [5]); p. 450: Nectarius episcopus fit (sc. Constantinopolitanus) [6]); p. 451: (post Liberium Damasus) post quem Siricius (sc. episcopus Romanus) [7]);

---

1) Ecclesiasticae historiae Eusebii Pamphili libri IX Ruffino Aquilejensi interprete ac duo ipsius Ruffini libri ed. Th. Cacciari (2 voll. Romae 1740. 4) I, 310 ff.
2) ed. Cacciari I, 404 f.
3) Aus Ruf. X, 25 (ed. Cacciari II, 50): Ita pestifera illa bestia, quae per Arium primo quasi de inferis extulerat caput, subito triformis apparuit: per Eunomianos . . . per Arianos . . . per Macedonianos.
4) cf. Ruf. hist. eccl. VII. 25.
5) Ruf. X, 15: Igitur ubi Constantius Orientis regnum solus obtinuit . . . Constans utriusque germanus Occidentem satis industrie gubernabat.
6) Ruf. XI, 21: Apud Constantinopolim vero Nectarius ex praetore Urbano catechumenus, et nuper baptisma consecutus Sacerdotium suscepit.
7) Ruf. XI, 21: Igitur in urbe Roma post Damasum Siricius Ecclesiae suscepit Sacerdotium.

p. 449: Synodus Mediolani a Constantio fit [1]). Darauf werden die auf dieser Synode verbannten Bischöfe nach Hieron.[2]) aufgezählt, doch fügt Sev. Sulp. bei „et Paulinus *a Treveris* et Rodianus[2]) *Tholosae* exiliati." Dasselbe hat Hier. schon ein Jahr früher gemeldet mit den Worten: Paulinus et Rhodanius, *Galliarum* episcopi in exsilium ob fidem trusi. Dass Paulinus Bischof von Trier war, konnte der Compilator aus einer andern Stelle von Hier.[3]) entnehmen, dagegen den Bischofssitz des Rhodanius nennen weder Hier., noch Rufinus, wol aber die Historia sacra des Sulpicius Severus[4]), doch deutet sonst nichts auf eine Benutzung derselben in der Chronik und es scheint hier somit ein Zusatz aus eigener Kenntniss des Verfassers vorzuliegen. — Dieselbe Methode des Einflickens weniger Notizen nehmen wir hier bei des Rufinus, wie vorher bei des Orosius und der epitomirten Kaisergeschichte Benutzung wahr. Dass hier die Entlehnungen etwas zahlreicher sind, wird durch das grössere Interesse an der Kirchengeschichte veranlasst.

Diese bisher besprochenen Quellen waren Handbücher, die allgemein bekannt waren und deren Benutzung an sich nicht auffallen kann, nur dass deren so viele in einer Weltchronik von verhältnissmässig sehr geringem Umfange verwertet sind, ist etwas eigentümliches. Indess ist dieses keineswegs das einzige Beispiel solcher Compilation, sowohl Isidor wie Beda — abgesehen von den zahlreichen griechischen Chronographieen — begnügen sich nicht mit einem blossen Auszug aus der Chronik des Hiëronymus, wie Prosper, Cassiodor und Fredegar. Immerhin wird man aber danach streben, die Anzahl der Quellen in einem Werkchen, wie das hier behandelte, das es keineswegs auf Vollständigkeit nach irgend einer Seite hin abgesehen hat, möglichst zu beschränken; doch können wir ihre Reihe noch nicht schliessen. Es hat sogar den Anschein, als ob, auf zwei vereinzelte Notizen hin, Benutzung des sogenannten Hegesippus, der alten lateinischen Bearbeitung von Josephus „de bello Judaico" angenommen werden müsste. Folgende Vergleichung führt darauf:

---
1) cf. Ruf. X, 20.
2) ad a. Abr. 2373 bei Ronc. I, 505/6.
3) lies: Rhodanius.
4) ad a. Abr. 2376 bei Ronc. I, 507/8: Paulinus Treverorum episcopus in Phrygia exulans moritur.
5) Sulp. Sev. hist. sacra II, 39 (bei Migne, patrol. lat. XX c. 151): Liberius quoque urbis Romae et Hilarius Pictavorum episcopus dantur exilio. Rhodanium quoque *Tolosanum antistitem* ... eadem conditio implicuit.

| Hieron. ad. a. Abr. 2041. Philippus Tetrarcha Paneadem, in qua plurimas aedes construxerat, Caesaream Philippi vocavit et Juliadem aliam civitatem. id. ad. a. Abr. 2043. Herodes Tiberiadem condidit et Libiadem [2]). | Sev. Sulp. a. XV Tiberii (p. 442). Herodes Tiberiadem condidit et *Philippus Liviadem a matre Tiberii Livia.* | [1]) Hegesippus II, 3. hic status erat, quando Caesar defunctus est, relinquens Tiberium . . . Liviae uxoris filium, cujus in honorem Tiberiadem Caesar condidit. *Philippus quoque Liviadem urbem matris ejus vocabulo nuncupandam putavit.* |

Beweisender ist eine andere Notiz, welche Hier. gar nicht bringt [3]).

Heges. II, 5 (p. 130). Herodes itaque mulieris opprobria nequaquam sustinens, Romam profectus, dum Gai amicitiam petit, ab Agrippa accusatus etiam tetrarchiam amisit, quam a Julio Augusto acceperat, *et fugitans in Hispaniam imo cum uxore* Herodiade *moerore animi consumptus est.*

Sev. Sulp. p. 443.

Ann. VII fugiente Herode in Ispanias, ibique moerore consumpto cum incoesta fratris uxore, pro qua Joannes occiditur.

Die letzte Notiz zeigt so grosse Wortübereinstimmung, dass sie notwendig auf Hegesipp zurückgehen muss, mit Ausnahme der Beziehung auf Johannes Baptista, welche der Compilator natürlich aus eigener Kenntniss beifügen konnte. Da aber sonst sich keine Spur von Benutzung dieser Schrift findet, muss man geneigt sein, nach einer Vermittlung dieser Sätze durch eine dritte Quelle zu suchen. Beide finden sich nun in dem grösseren Chronicon Beda's und zwar zweifellos Hegesipp entlehnt [4]). Aber so schnell sich auch Beda's

---

1) ed. Weber u. Caesar (Marburg 1864. 4.) p. 126.
2) Eine andere Lesart hat Juliadem für Libiadem, das ist aber für das Verhältniss zu Sev. Sulp. gleichgültig.
3) Rufinus, der sich viel mit Herodes beschäftigt, weicht vollkommen ab. Orosius giebt die Nachricht nicht.
4) Bedae chron. a. m. 3981 (opp. ed. Giles VI, 381): Herodes tetrarcha . . . in honorem Tiberii et matris ejus Liviae Tiberiadem condidit et Libiadem.
Bedae chron. a. m. 3984 (ed. Giles VI, 382): Herodes tetrarcha et ipse Caji amicitiam petens, cogente Herodiade, Romam venit, sed accusatus ab Agrippa, etiam Tetrarchiam perdidit, fugiensque in Hispaniam, cum Herodiade, moerore periit.

Schriften und namentlich die chronologisch-historischen verbreiteten, wird es doch sehr bestimmter Gründe bedürfen, um glauben zu machen, dass bereits im Jahr 733, in welchem unsere Chronik spätestens geschrieben ist, Beda's Chronik auf dem Continent bekannt war [1]). Nun schliessen sich die Worte des Sev. Sulp. dem Hegesipp enger an [2]), als der Fassung Beda's und die Vermittelung der gedachten Notizen durch Beda ist somit nicht annehmbar. Indess muss noch erwähnt werden, dass an einer Stelle wenigstens unsere Chronik sich enger an Beda als an Hieronymus in der Wortfassung anschliesst:

Hieron. a. Abr. 2072, a. *Neronis* 2: Festus in gubernatione succedit Felici, apud quem, praesente Agrippa rege, Paulus Apostolus religionis suae rationem exponens, vinctus Romam mittitur.

Beda a. m. 4021: Hujus secundo anno Festus Judaeae procurator successit Felici, *a quo Paulus vinctus Romam mittitur.*

Sev. Sulp. p. 443: Secundo hujus Felici in Judaeam Festus succedit, *a quo Paulus Apostolus Romam vinctus mittitur.*

Auf die beiden ersten Worte des Sev. Sulp. „Secundo hujus" ist gar kein Gewicht zu legen, weil der Gebrauch dieser Formel bei ihm Regel ist, nur ist die Zahl seltener ausgeschrieben. In den Worten suc*cedit* und Apostolus berührt er sich mehr mit Hieron., die Uebereinstimmung mit Beda beruht also eigentlich nur in der Wendung „a quo" und die lag hier, wollte man des Hieron. Satz kürzen, gar zu nahe, als dass sie beweisen könnte. Die Verwantschaft unserer Chronik mit Beda begegnet aber hier ganz vereinzelt, namentlich zeigt sich in dem späteren nachhieronymianischen Teile keine Spur der Benutzung, es ist deshalb durchaus unglaublich, dass unser Chronist Beda's Buch gehabt hat. Es bleibt also nichts übrig, als anzunehmen, dass Hegesipp unmittelbar in der Chronik benutzt ist [3]). Uebrigens scheint diese lateinische Bearbeitung des Josephus, welche man Am-

---

1) Beda's Chronik schliesst erst mit dem Jahr 726.
2) Die grössere Uebereinstimmung mit Hegesipp besteht darin, dass Sev. Sulp. wie dieser Philippus als Gründer von Livias nennt, während Beda im Anschluss an Hieron. Herodes beibehält. Ferner der Ausdruck moerore *consumpto* steht dem „moerore *consumptus est*" der gemeinsamen Quelle näher, als Beda's „moerore *periit*".
3) Eine dritte Quelle, durch deren Vermittelung sowohl Beda, als Sev. Sulp. die Nachrichten überkommen konnten, habe ich nicht auffinden können. Augustin de civ. Dei u. namentlich Isidor, auf welche man zuerst verfällt, schlägt man vergeblich nach.

brosius von Mailand zuschreibt, keineswegs ein seltenes Buch gewesen zu sein, zum mindesten ist es uns in nicht wenigen und gerade auch alten Handschriften[1]) überliefert, Isidor v. Sevilla[2]) und nach dem oben gesagten auch Beda haben es gekannt. Dass aber unser Chronikant dem Buche, wenn er es kannte, so wenig entnahm, ist gerade hier sehr erklärlich, da die ausführlichen Erzählungen desselben sich am wenigsten für eine Verwertung in seiner dürftigen Compilation eigneten. —

Auch in dem ersten Teil seiner Chronik bis auf Christi Geburt, den wir bisher wenig berührten, hat sich der Verfasser nicht mit Excerpten aus Hieron. begnügt, sondern ausser Orosius noch eine andere Quelle benutzt. Darauf deutet er selbst, wenn er (p. 437) sagt: Translatus est Israel in Medos ab Salmanasar rege Assyriorum, *vel, ut alibi legitur*, a Senacherib rege Medorum, et missi custodes ex Babylonia. Dieses alibi scheint eine Handschrift des Werkes gewesen zu sein, von welchem verschiedene Recensionen unter dem Titel „Liber generationum" oder „Excerpta Horosii" bekannt sind.

Es sind deren mehrere bald in längerer, bald in kürzerer Form gedruckt[3]). Im wesentlichen nichts anderes ist auch das erste Buch des Fredegar[4]). Viele mit diesen Chronographieen wörtlich übereinstimmende Stücke enthält endlich

---

1) vgl. Caesar in der Ausgabe p. 399 ff.
2) vgl. Teuffel, Röm. Lit.-Gesch. 2. Aufl. § 416 S. 958.
3) I) In der römischen Sammlung vom J. 354, bei Mommsen, Chronograph von 354 p. 637—643. II) Aus einer Handschrift des Jesuitencollegs zu Clermont sec. VIII von Ducange im Apparat zu seiner Ausgabe des Chron. pasch. herausgegeben, danach in Chron. pasch. des Corp. hist. Byzant. Bonn. II, 96—111. III) In einem Auszuge vom Jahr 452 nach Ms. Bern. 128 bei Pallmann II, 506—508. vgl. über dieses Werk und seine Recensionen Mommsen, Chronograph p. 585—598.
4) Bei Canisii ant. Lect. ed. Basnage II, 155—164. — Die Edition bei Labbe, bibl. nova. Mss. I, 298—309 müsste nach der handschriftlichen Ueberlieferung — sie ist nach einer Fredegarhandschrift des Jesuitencollegs zu Paris sec. VII (jetzt Paris bibl. nat. 695) gemacht — ebenfalls das erste Buch des Fredegar sein und so fasst sie auch Pertz, Archiv VII, 252 f. auf. Doch ist dabei auffallend, dass auch die praefatio in Briefform, welche sonst vor dem liber generationum steht, hier vorkommt. Das Verhältniss Fredegar's zu dieser Schrift ist überhaupt noch sehr unklar, aber schwerlich hat er, wie Mommsen, Chronograph p. 587 Anm. sagt, sein erstes Buch aus einem Liber generationum und Gregor v. Tours zusammencompiliren können. Fredegar's Eigentümlichkeit ist gerade, dass er nicht compilirt, und weder Canisius', noch Labbe's Text giebt eine Handhabe für diese Annahme.

auch der Anonymus Scaligeri [1]). — Jene eben citirte Stelle der Chronik kann nun schwerlich allein aus den Worten des Hier. ad. a. Abr. 1270 gemacht sein: Decem tribus gentis Judaeae ... victae a *Sennacherib qui et Salmanasar rege Chaldaeorum*, translatae sunt in montes Medorum, wol aber mit Hülfe des Lib. gen. (Chron. pasch. II, 106): Sub hoc *Salmanassar Rex Assyriorum* eos qui erant in Samaria transmigravit in Mediam et Babyloniam [2]). Gerade der doppelte Namen des Königs bei Hieron. mochte den Compilator veranlassen, sich anderswo Rats zu erholen. Die Erwähnung von Babylonien im lib. gen. erklärt auch des Chronikanten Worte: missi custodes *ex Babylonia,* wo Hier. sagt: Sennacherib Judaeae accolas misit *Assyrios*, qui .. Samaritae nuncupati sunt: quod Latina lingua exprimitur custodes.

Eine von Hieron. nicht überlieferte Notiz p. 438: „Hunc (sc. Joachaz) Nechaos in Aegypto duxit posito pro eo Heliachim" giebt die Gruppe der libri generat. mit den Worten: Hunc ligavit Nechao rex Aegypti, et adduxit in Aegyptum, ordinato in loco ejus Eliachim [3]). — An einer andern Stelle lehnt sich der Ausdruck doch mehr an jene Chronographieen an, obgleich die Sache von Hieron. berichtet wird. z. B Hier. a. Abr. 1416: Sedechias ann. XI; Et hunc rex Babylonius captum Babyloniam duxit, *oculosque ei eruit.*

Fredeg. I, 16 [4]): [Nabuchodonosor] ... In anno XII transmigravit illum in Babyloniam *oculis effossis.*

Sev. Sulp. p. 438: Huic [5]) Nabuchodonosor *oculi effossi.*

Dergleichen kommt häufiger vor und macht es ziemlich zweifellos, dass unserem Chronisten ein solcher Liber generationum vorlag. Mommsen [6]) bemerkt, dass natürlich zu derartigen Chronographieen, deren Quellen die biblischen Historien waren, sehr leicht Zusätze gemacht wurden. Darauf kann man es zurückführen, wenn wol einmal einige Worte unserer Chronik sich weder bei Hieron. noch in dem Liber generationum finden, oder der Chronist setzte aus eige-

---

1) In Scaliger's, thesaurus temporum Eusebii (2 Ausg. Amsterdam 1658 fol.) p. 58—85 der zweiten Abteilung. Ueber die Verwantschaft mit dem liber generationum vgl. Mommsen, Chronograph p. 596 Anm. 2.
2) Genau ebenso Fredeg. I, 15 (Canis. I. p. 160). — Anon. Scal. p. 70: Sub istius regno, anno XVI surrexit Salbanassar rex Assyriorum, et venit in Judaeam, et transmigravit qui erant in Samaria in Midia et in Babylonia.
3) Lib. gen. in Chr. pasch. II, 106; Fredeg. I, 15: Canis. II, 161.
4) Canis. II, 161.
5) Es ist zu verstehen: Sedechiae a Nabuchodonosor.
6) Chronograph p. 595.

ner Wissenschaft hinzu Worte wie: „Melchisedec protulit vinum et panem".

Es wäre zu ermüdend, die einzelnen Stellen aufzuzählen, welche dem Liber generationum entnommen sind, doch muss noch erwähnt werden, dass gleich der Anfang der Chronik, das Geschlechtsregister von Adam bis Abraham, aus einem Liber generationum zu stammen scheint. Das sogenannte „Exordium libri" vor der Chronik des Hieronymus differirt in den Handschriften bedeutend, der Ursprung und die ursprüngliche Fassung desselben sind noch unklar und da die Generationen in diesem Exordium enthalten sind, so kann man nicht recht erkennen, woher unser Compilator die seinigen abgeschrieben hat. Unter den verschiedenen Formen des Exordiums nähern sie sich am meisten dem Texte Scaliger's, der einem Ms. Freheri[1]) entnommen ist. Doch ist dieser Text genauer als der des Sev. Sulp., giebt die Zahlen sowohl nach den Angaben der Septuaginta, als nach der lateinischen Uebersetzung des hebräischen Textes, während Sev. Sulp., wie der Liber generationum nur eine Zahlangabe macht. Die beiden letzteren stehen auch in der Form einander näher. Wenn Scaliger's Text z. B. hat: [2])Seth quum esset annorum CCV, secundum Judaeos autem CV, genuit Enos. Et vixit Seth, postquam genuit Enos, annos DCCV, et genuit filios et filias. Et facti sunt omnes dies Seth, quos vixit, anni DCCCCXII et mortuus est — sagt der Lib. gener. viel kürzer [3]):

Seth cum esset annorum CCV genuit Enos, et post vixit alios annos DCCV et mortuus est. Endlich Sev. Sulp. p. 433:

Seth annorum CCV genuit Enos: et vixit post DCCVII et obiit in generatione VI.

Alle drei Texte halten diese Form bei allen folgenden Generationen fest. Die beiden letzteren stimmen darin überein, dass sie nur die Zahlen nach der Septuaginta geben[4]), nur Metusalem's Alter giebt Sev. Sulp. auf $187 + 782$ [5]) nach der Rechnung „secundum Hebraeos", Lib. gener. auf $167 + 802$ nach der Septuaginta an, fügt aber hinzu „et fiunt simul DCCCCLXIX consonantes ubique"[6]), woraus hervorgeht, dass seine Vorlage, oder seine Vorlagen, die

---

1) Jetzt Leyden, mss. Scal. 14.
2) Scaliger, Euseb. p. 7.
3) Mommsen p. 642.
4) Das lassen die häufig verderbten Zahlen des Sev. Sulp. doch erkennen.
5) Daraus ist seine Angabe DCCLXXXVII verderbt.
6) $187 + 782 = 167 + 802 = 969$.

beiden Rechnungsarten gaben. — Eigentümlich ist ihm, dass er jedesmal hinzufügt die Angabe, in welcher Generation die einzelnen Stammväter gestorben seien. Er konnte sich das aus seinen Zahlen wol selbst berechnen, aber es ist nicht wol glaublich, dass er die eigene Tätigkeit soweit treibt. Diese Rechnung weist aber gerade auf „das Buch von den Geschlechtern", wenn auch unsere Exemplare sie nicht haben[1]). Mit diesen herrscht aber Uebereinstimmung darin, dass auf Noë sogleich und allein die Generationen Sem's folgen und dass nach Verlauf von je zehn Generationen die Summe ihrer Jahre angegeben wird.[2]) — Wie beschaffen nun die unserem Autor vorliegende Chronographie war, ob kürzer, ob ausführlicher, ob identisch mit den erhaltenen Exemplaren des liber generationum ist nicht auszumachen und für uns auch von gar zu geringem Interesse. Wir haben nur den Schluss daraus zu ziehen, dass der Chronist sich nirgends mit einer Quelle begnügt, mag sie für seine Dürftigkeit auch noch so reich sein, sondern sich bemüht, aus möglichst vielen Quellen Nachrichten zusammenzuflicken. — Bleiben doch auch jetzt noch einige wenige Notizen übrig, die noch andere Vorlagen voraussetzen. Dahin gehört eine verdorbene und mir darum unverständliche Notiz (p. 443): Et usque ad passionem Domini non ex canonico contigit cursu[3]), quia et luna tunc plena erat in pascha: regularis annuus defectus Solis non in lunae fine contigit. Die Herkunft einiger anderer Notizen wird man dagegen mit ziemlicher Sicherheit angeben können. — Des Hier.[4]) Worte „Constantinopolis dedicatur pene omnium urbium nuditate" giebt Sev. Sulp. mit einem Zusatz[5]): Constantinopolis dedicata V. id. *Majas*, übereinstimmend mit den fasti Idatiani: [6]) His coss. dedicata est Constantinopolis *die V. Idus Majas*. Wenige Zeilen darauf entspricht die Notiz des Sev. Sulp.: „Victi Gothi a Canstantino in terra Sarmatarum" mehr den Worten derselben Fasten[7]): „His coss. *victi Gothi* ab exercitu Romano *in terris* Samatarum die XII Kal. Maji," als des Hier.[8]): Romani Gothos in Sarmatarum regione vicerunt. — Merkwürdigerweise finden

---

1) Spuren davon finden sich z. B. bei Beda, chron: Et bene *in septima generatione* Enoch . . tulit a mortalibus Deus.
2) vgl. Mommsen p. 642; Chron. pasch. II, 37; Fred. I, 1 bei Canis. II, 155; Labbe, bibl. I, 298, 302 f.
3) Hier muss etwas fehlen.
4) ad. a. Abr. 2348 bei Ronc. I. 497.
5) Esp. sagr. IV, 449.
6) ad a. 330 in Chron. pasch. ed. Bonn. II, 167.
7) ad a 332: Chr. pasch. II, 167.
8) ad a. Abr. 2350 bei Ronc. I, 497.

einige andere Notizen des Sev. Sulp. ihre Erklärung in den mit den sogenannten idatianischen parallel laufenden Fasten des Anon. Cusp., nämlich zunächst (p. 443) die Worte „Phoenix avis Romae allata est." Der Auszug aus der Kaisergeschichte des Aurelius Victor lehrt, dass die citirten Worte unserer Chronik ein Missverständniss enthalten müssen, denn in der Geschichte des Kaisers Claudius, in dessen Regierungszeit auch Sev. Sulp. sein denkwürdiges Factum setzt, erzählt die Epitome [1]: Hujus temporibus visus est *apud Aegyptum* Phoenix, quam ferunt volucrem anno quingentesimo ex Arabis memoratos locos advolare. Wir fanden oben Grund zu der Annahme, dass unser Chronist diese kurze Kaisergeschichte gekannt hat, aber aus dieser Stelle kann er unmöglich seine erstaunliche Angabe gemacht haben, dass man das fabelhafte Ungetüm nach Rom gebracht hat. Sie erklärt sich indess sehr gut aus der Notiz des Anon Cusp [2]: His coss. Phenix apparuit primum. Wenn der Chronist eine Consulartafel vor sich hatte, welche diese Worte enthielt, so konnte er leicht calculiren, dass in Rom jenes Naturwunder gesehen worden wäre, indem er die nicht unrichtige Supposition machte, dass schliesslich alle Consulartafeln aus Rom herstammten. Der Anon. Cusp. setzt die Notiz in das Jahr 48 p. Chr., also auch in die Regierungszeit des Claudius, Sev. Sulp. nach der handschriftlichen Lesart in das achte Jahr dieses Kaisers, das also mit dem Anon. Cusp. genau übereinstimmen würde, doch ändert Florez wol mit Recht die Zahl VIII in XII, da vorher schon das XI Jahr des Claudius geht. Es ist aber auch gar nicht zu verlangen, dass der Chronist für ein mit Consulnamen bezeichnetes Jahr genau das Jahr seiner Rechnungsweise hätte bestimmen sollen. — Auch die Notiz zum fünften Jahre des Kaisers Septimius Severus „Passio Perpetuae et Felicitatis" deutet auf den Anon. Cusp. als Quelle[3]), der sie zum Jahre 203 d. i. 10. Jahre des Septimius Severus bringt. — Wir müssen uns erinnern, dass der Liber generat. meist in chronologisch-historischen Sammlungen vorkommt, dass auf ihn im Anon. Scaligeri ein mit Anon. Cusp. eng verwantes Consulnregister folgt, dass auch mit der Sammlung von 354, welche den Liber generat. enthält, der Anon. Cusp. verbunden ist, so wird es als sehr natürlich erscheinen, dass auch unser Chronist eines Fastenexem-

---

1) c. 4 ed. Arntzen p. 481.
2) ed. Mommsen p. 659.
3) Mommsen p. 662: His coss. passe sunt Perpetua (Text A. Perpenia) et Felicitas Nonas Martias.

plars nicht entbehrte. Dass in diesem Exemplar auch die Notizen standen, welche wir in den Fasti Idatiani fanden, ist nicht ganz unmöglich, da bekanntlich Anon. Cusp. und Fasti Idat. für die ältere Zeit gleiche Grundlage haben, aber es ist natürlich nicht zu erweisen. — Die Consularfasten leiten zum zweiten Teil der Chronik über, in dem ihre Benutzung mit mehr Sicherheit nachgewiesen werden kann. —

In dem zweiten nachhieronymianischen Teil der Chronik tritt die compilatorische Tätigkeit ihres Verfassers noch in weit höherem Masse hervor. Grundsatz scheint hier beinahe zu sein, möglichst wenig aus möglichst vielen Quellen zu entnehmen. — Zunächst ist dieser Abschnitt aus der Chronik des Idatius und dem sogenannten Chronicon imperiale, welches bislang unter Prosper's Namen ging, entnommen. Zuweilen sind die Nachrichten aus beiden Quellen ineinander compilirt, meistenteils bald der einen, bald der andern eine Stelle entlehnt. Der Autor hält sich hier weniger an die Worte seiner Quellen als bei der Benutzung des Hieronymus, wie namentlich folgendes Beispiel zeigt:

Chron. imp. [1]	Sev. Sulp. [2]
Justina mater Valentiniani Arrianis favens, in Ambrosium et omnem Mediolanensem Ecclesiam diversa injuriarum genera congerit.	Ambrosium Justina Valentiniani mater pro Ariana haeresi obpugnat.

Aber nur um zu kürzen weicht der Verfasser der Chronik von dem Ausdruck seiner Quelle ab; er bekommt in diesem Teil häufiger Grund dazu, weil die Fortsetzungen des Hieronymus weniger reich an Nachrichten, als Hier. selbst, die einzelnen Nachrichten aber ausführlicher sind. Das gilt namentlich von Idatius. Durch das gar zu grosse Streben nach Kürze kommen dann zuweilen absonderliche Dinge zum Vorschein, wie sich zeigt, wenn wir einen Satz des Idatius mit der abgeleiteten Stelle des Sev. Sulp. vergleichen

Idat. a XXVIII Theodosii [3].	Sev. Sulp. p. 453.
In diebus sequentis paschae visa quaedam in caelo regionibus Galliarum, *epistola de his Eufronii Augustodunensis episcopi* ad Agrippinum Comitem facta evidenter ostendit.	Eupronius episcopus Augustoduno sepelitur.

Die Corruption wird zum Teil wenigstens auf Schreiber-

---

1) Ronc. I c. 739|40 a. II Theodosii.
2) Esp. sagr. IV, 460 a. I Valentiniani.
3) Roncalli II c. 33|34.

versehen beruhen, aber jedenfalls ist das Excerpt nicht mit Glück gemacht. Wenigstens nicht ohne Mitschuld der Compilators kann eine zweite aus Idatius entlehnte Stelle so irreparabel verderbt sein:

Idat.[1]	Sev. Sulp. p. 452.
Wandali Silingi in Baetica per Walliam regem omnes extincti. Alani, qui Wandalis et Suevis potentabantur, adeo caesi sunt a Gothis, ut extincto Atace rege ipsorum, pauci, qui superfuerant, abolito regni nomine,[2]) Gunderici regis Wandalorum, qui in Gallaecia resederat, se patrocinio subjugarent. Gothi intermisso certamine, quod agebant, per Constantium ad Gallias revocati, sedes in Aquitanica a Tolosa usque ad Oceanum acceperunt.	Valia extinguit Alanos cum rege eorum Addace, et Silingos qui erant Bethica Vandali jubente Constantino intermisso bello, quod intra Gallaeciam supererat. Reversi Gothi ad Gallias sedes accipiunt a Tolosa *in Burdegalem* ad Occeanum usque.

Danach scheint schon von dem Chronisten des Idatius Stelle missverstanden zu sein, man müsste die gewaltsamsten Aenderungen machen, um einen vernünftigen Sinn hinein zu lesen. Bemerkenswert ist aber in der Stelle der Zusatz „in Burdegalem", den der Chronikant offenbar aus eigener Kenntniss gemacht hat. — Eine Aenderung, oder in seinem Sinne eine Correctur erlaubt sich der Compilator an einer Stelle, die wir hier ebenfalls vollständig gegenüberstellen, weil sie ebenfalls eine freie Behandlung ihrer Quelle zeigt:

Chron. imp.[3])	Sev. Sulp. p. 451.
Cum ad Chunnorum gentem, cui tunc Rugila praerat, post praelium Aëtius se contulisset, impetrato auxilio ad Romanum solum regreditur. Gothi ad ferendum auxilium a Romanis acciti. XI. Aëtius in gratiam receptus. Rugila rex Chunnorum, cum quo pax firmata, moritur, cui *Bleda* succedit.	Aëcius *magister militum* Hugnos in auxilium suum ad Romanum advocat solum, quibus rex erat tunc Ruga. Sed Aëcius in gratiam redit imperii. Defuncto Ruga *Attila* rex.

---

1) a. XXIV Honorii: Roncalli II c. 19/20.
2) „de" vor Gunderici, wie Roncalli hat, ist doch wol zu streichen. Es scheint nur aus einer Verdoppelung des nachfolgenden se enstanden zu sein.
3) a. X Theodosii jun. bei Roncalli I, c. 751|52.

Der Compilator hat hier also an Stelle des ihm unbekannten Bleda den berühmteren Attila gesetzt. Sonst ist der Sinn seiner Quelle nicht ungeschickt mit zum Teil anderen Worten wiedergegeben. — Die verglichenen Nachrichten geben, obschon sie bereits einen weiteren Zweck verfolgten, zugleich den Beweis, dass Idatius und Chronicon imperiale von unserem Autor benutzt sind. Während diesen die Hauptmasse des Stoffes, soweit sie reichen, entlehnt wird, ist daneben auch noch Orosius benutzt, der schon oben als Quelle erwähnt werden musste. Der Chronist bleibt hier dem Prinzip treu, welches er vorher beim Gebrauch des Orosius befolgte, indem er einige Worte desselben in den Stoff, welchen ihm die anderen Quellen liefern, einmischt. — Wol ganz aus Orosius ist der Satz (p. 450): Valentinianus apud Viennam *strangulatus dolo* Arbogastis Comitis.[1]. Ganz wörtlich aus Orosius[2]) ist der Satz entnommen (p. 451): Ante biennium irruptionis Rome excitate gentes ab Stilicone et filio ejus Eucherico[3]): Alani etc. Dass aber Eucherius an dem hochverräterischen Unternehmen, die Landesfeinde in die Provinz zu rufen, mitbeteiligt gewesen wäre, hat unser Autor aus der Angabe seiner Vorlage geschlossen, dass sein Vater ihn zum künftigen Kaiser bestimmt hatte. Orosius begnügt sich, Stilicho zu verläumden. — Der Passus des Sev. Sulp. (a. III Valentiniani p. 450) „Valentinianus ad Theodosium fugiens, cum ipso ab Oriente Italiam rediit," ist aus Oros. VII, 34: „Valentinianus in Orientem refugiens, a Theodosio paterna pietate susceptus, mox etiam imperio restitutus est", und Chron. imp. a. IV Theodosii[4]) „Theodosius cum exercitu ad Italiam trasgrediens Maximum interfecit, at Valentinianum proprio regno reddidit" zusammengesetzt. — Noch einige Ausdrücke, keine ganze Nachricht mehr ist aus Orosius genommen und diese können wir füglich übergehen,- da

---

1) Oros. VII, 35: Valentinianus in Galliam transivit: ubi cum tranquilla republica in pace ageret, apud Viennam *dolo* Arbogastis, ut ferunt *strangulatus*, atque ut voluntariam sibi concivisse mortem putaretur, laqueo suspensus est. Wol ganz ist der Satz des Sev. Sulp. aus dieser Stelle, weil die beiden andern Chroniken diese Nachricht beinahe mit denselben Worten bringen: Chron. imp. (Ronc. I, 743/44): Valentinianus Viennae ab Arbogaste Comite suo extinguitur. — Idatius (Ronc. II, 11|12): Valentinianus junior apud Viennam scelere Comitis Arbogasti occiditur.
2) VII, 40: Interea ante biennium Romanae irruptionis, excitatae per Stilichonem gentes Alanorum etc.
3) Der Punkt zwischen Eucherico und Alani ist zu löschen, denn die folgenden Völker sind eben die excitatae gentes. Das folgende von Alani an ist aus Idatius.
4) Roncalli I, 741/42.

wir die Compilationsweise unserer Chronik nachgerade genügend kennen gelernt haben. Auch der Gebrauch von Rufinus' historia ecclesiastica lässt sich wol noch hier in einigen Notizen erkennen: So wenn die Chronik einer aus dem Chron. imp. genommenen Notiz über den Ketzer Apollinaris hinzufügt „haereticus *de anima Christi* [1]). Wenn sie den dux Andragathius als beteiligt an dem Morde des Kaisers Gratian nennt [2]). Endlich wenn sie den Kaiser Theodosius, schon vor seinem Abmarsche zum Kriege gegen den Usurpator Eugenius, seinem Sohne Arcadius die östliche Reichshälfte übergeben lässt, so entspricht das nicht der historischen Wahrheit, konnte aber leicht aus den Worten des Rufinus herausgelesen werden [3]). — Da des Rufinus Kirchengeschichte schon mit dem Tode des Theodosius I. schliesst, so ist erklärlich, dass sie in diesem Teile nicht mehr benutzt ist. —

Es ist auffallend, dass unser Chronist, obgleich er nach Kaiserjahren rechnet und zwei Quellen (Idatius u. Chron. imp.) benutzt, welche dieselbe Rechnungsweise anwenden, dennoch ihrer Zählweise nicht folgt d. h. er rechnet nach den Regierungsjahren anderer Kaiser, deren és ja in jener Zeit mindens zwei gab, als jene beiden Chroniken. Dagegen stimmt die Einteilung seiner Rechnung mit den Angaben Prospers, während die den einzelnen Kaiserpaaren beigelegten Regierungsjahre bei Prosper u. Sev. Sulp. auch meist differiren. Das Verhältniss zeigt folgendes Schema:

	Prosp. [4])		Sev. Sulp.	
[5]) Gratian u. Valentinian II:	Von 379 p. Chr.	VI	Von 379:	V
Valentinian II . .	von 385	VIII	„ 384:	VIII
Theodosius I . .	„ 393	III	„ 392:	III
Arcadius u. Honorius:	von [6]) 396	XIII	„ 395:	XII

---

1) Rufinus hist. eccl. XI, 20 (ed. Cacciari II, 97): Apollinaris . . . haeresim ex contentione generavit, asserens solum corpus, non etiam *animam a Domino in dispensatione susceptum*.
2) Rufinus hist. eccl. XI, 14 (II, 92): Gratianus . . . a Maximo tyranno apud Britannias exorto per Andragathium ducem Lugduni suorum magis proditione, quam vi hostium peremptus est.
3) Ruf. hist. eccl. XI, 34 (II, 116): *Ibique* (sc. in Oriente) Arcadium Augustum *regnum sibi dudum traditum* servare praecepit.
4) Die Zahlen Prosper's nach Labbe's Ausgabe und der prosperschen Consulartafel bei Mommsen, Cassiod. p. 673 f. Die Zahlen bei Roncalli sind häufig unrichtig.
5) Idatius giebt die ganze Zeit von 379—395 Theodosius I mit XVII ann., Chron. imp.: Valentinian u. Gratian ann. VI, dann Theodosius ann. XI.
6) Immer inclusive des Anfangsjahres.

Honorius und Theodosius II
von 409   XV | Von 407:   XVIII
Theodosius II u. Valentinian III
von 424   XXVII | „ 425:   XXV [1]
²) Valentinian III u. Marcian
von 451   V | „ 450:   V

Es kann nicht gut ein Zufall sein, dass die Abteilungen dieser beiden Chroniken, im Gegensatz zu den beiden übrigen so zusammenstimmen; es kann aber ebensowenig ein Zufall sein, dass ihre Zahlangaben meist divergiren und in den Endpunkten doch ungefähr zusammentreffen. Aber man sieht nicht, warum der Chronist von Prosper's Rechnungsweise abwich, wenn ihm diese vorlag, eine Annäherung an die beidern andern Chroniken stellte er dadurch nicht her. Dennoch führen einige Stellen auf die Benutzung Prosper's in unserer Chronik. — Sie nennt zunächst den Kaiser Theodosius „filium Theodosii comitis", Prosper nur „filium Theodosii": Die Stelle hat indess gar keine Beweiskraft, weil [3]) Orosius bei einer andern Gelegenheit von dem „*comes* Theodosius Theodosii, qui post imperio praefuit pater" spricht. Mehr scheinen folgende Stellen zu beweisen:

Prosp. ad. a. 420 [4]).	Sev. Sulp. p. 452.	[5]) Idat. a. XXV Honorii.
Constantius ab Honorio *in consortium regni assumitur.*	Constantius in consortium regni assumitur.	Honorius apud Ravennam consortem sibi facit in regno.

---

1) Die Handschrift giebt XXX, aber offenbar verderbt, dann auf das XXV Jahr der genannten Kaiser, folgt sogleich das I. Jahr Valentinian's III. u. Marcian's, indem die Gesammtregierung dieser beiden (450—455) ausdrücklich auf 5 Jahre angegeben wird.

2) Idat. teilt die Zeit von 395—455 in: Arcadius et Honorius ann. XXX, jedoch, wie er selbst sagt so, dass das erste Jahr der beiden mit dem letzten des Theodosius zusammenfällt, also giebt er ihnen eigentlich nur 29 Jahre, dann Theodosius II. u. Valentinian III. ann. XXXI, die Regierungszeit der beiden Paare zusammen ist also richtig auf 60 Jahre angegeben. Chron. imp. rechnet Arcadius u. Honorius 32 Jahre, Theodosius 27 Jahre, die Angaben sind, wenn man auch schon wie bei Idat. das Jahr 395 mitrechnet, noch 3 Jahre zu hoch, weil bei ihm ausserdem noch Valentinian III u. Marcian mit 5 Jahren folgen.

3) VII, 33. Auch Hier. a. Abr. 2393 (Roncalli I, 515/16): Theodosius, Theodosii postea Imperatoris pater, et plurimi nobilium occisi. Giebt also nicht den Titel „Comes".

4) Roncalli I, 651|52.

5) Roncalli II, 19|20. Ist von den sonstigen Quellen am nächsten Sev. Sulp. verwant.

Prosp. ad. a. 437 [1]). Valentinianus Augustus ad Theodosium principem Constantinopolim proficiscitur, filiamque ejus in matrimonium accipit.	Sev. Sulp. p. 452. Valentinianus Orientem vadit, uxorem accepturus.

Weniger können schon folgende Worte bedeuten:

Prosp. ad. a. 405 [2]) Rhadagaisus in Thuscia multis Gothorum millibus caesis, ducente exercitum Stilichone, superatus et captus est.	Sev. Sulp. [3]) Radagaisus *rex Gothorum Italiam ingressus*, in Tuscia ab Stilicone cum suis *extinguitur*.
Prosp. ad a. 406. Vandali et Alani Gallias, trajecto Rheno pridie Kal. Januarias ingressi.	Sev. Sulp. ad. a. 405. Alani et Vandali *et Suevi* Gallias ingressi sunt.

Denn die Beweiskraft der ersten Stelle schwächt Chron. imp. [4]): „Siquidem Radagajus *rex Gothorum Italiae limitem vastaturus ingreditur*" und „exercitum tertiae partis hostium . . . Stilico usque ad internecionem delevit" Es bleibt für die Benutzung Prosper's also nur die Meldung übrig, dass die Niederlage in Tuscien geschehen sei [5]), daneben allerdings die Form des Satzes. — Die zweite Stelle kann ganz aus Orosius [6]) genommen sein und die Sueven muss der Chronist daher haben, es bleibt hier nur die Ausdrucksform, welche für die Benutzung Prosper's spricht und die chronologische Ansetzung des Ereignisses auf ein Jahr nach der Niederlage des Radagais. — Sonst deutet auf ihn nur hin, dass Aëtius an einer schon oben citirten Stelle den Titel „magister militum [7])" erhält. Endlich die Worte zum Jahr 455 p. Chr., nachdem die Ermordung Valentinian's III erwähnt ist: post quem Maximus *diebus LXX adeptus Imperium*. Die betreffende Stelle Prosper's lautet: Maximus . . . cum . . . trepide vellet abscedere, *septuagesimo septimo adepti*

---

1) Roncalli I, 659/60. Diese Nachricht giebt Prosper allein.
2) Roncalli I, 645|46.
3) Esp. sagr. IV, 451 ad a. IX Arc. et Honor. = 404 p. Chr.
4) Roncalli I, 745|46: ad a. 10 Honorii = 405 u. ad a. XI Honorii = 406. —
5) Oros. VII, 37 meldet den Tod des Radagais, setzt aber den Schlachtort genauer in die Berge von Faesulae.
6) Oros. VII, 40: gentes Alanorum . . . Suevorum, Vandalorum, multaeque cum his aliae, Francos proterunt, Rhenum transeunt, Gallias invadunt. vgl. auch Oros. VII, 38.
7) Esp. sagr. IV, 452 a. VIII Theodosii II vgl. Prosperi chron. ad a. 429 (Roncalli I, 655|56): Aëtius magister militum factus est. — Idatius giebt Aëtius den Titel „dux utriusque militiae"; Chron. imp. gar keinen.

Imperii die a famulis regiis dilaniatus est. Der ganze Schlusspassus des Prosper ist in dem Chron. imp. wörtlich abgeschrieben aber gerade diese hier entscheidenden Worte von „septuagesimo" bis „die" fehlen darin, wenigstens in den uns bekannten Texten dieses Werkes. Dass die Chronik dem Kaiser Maximus nur 70 statt 77 Tage giebt, will wenig bedeuten, desto wichtiger ist die Uebereinstimmung in der gerade nicht häufigen Wendung „adeptus imperium"[1]). Es sind nun gewiss Gründe vorhanden, derenthalben man sich sträuben muss, auch die Benutzung des Prosper unserem Chronikanten zuzuschreiben. Die Bemerkung aber, welche man zunächst gegen diese Annahme machen musste, dass der Compilator so wenig dieser Quelle entnommen hätte, verliert wenigstens teilweise ihre Bedeutung, wenn wir sehen, dass eine ganze Reihe von Notizen in unserer Chronik durch Kürzung so farblos geworden sind, dass man nicht erkennen kann, welcher der drei Quellen sie entnommen sind[2]). Die Consulatsrechnung Prosper's mochte ihm auch zuviel Unbequemlichkeiten bei der chronologischen Einordnung machen und deshalb bedient er sich dieser Quelle seltener. Es muss indess auch auffallen, dass bis 378 jeder Papst aufgeführt wird, dass aber wo Hieronymus aufhört, auch die Papstreihe schliesst, während doch Prosper die Päpste sehr sorgfältig einträgt. Aber auch Idatius nennt[3]) mehrere Päpste, wie Innocentius, Zòsimus, Xystus, die doch der Chronist nicht aufgenommen hat und nur den Papst Leo nennt er. Also auch das ist kein Grund, die Benutzung Prosper's in unserer Chronik zu läugnen. Sehr geneigt wäre man, die Uebereinstimmung mit diesem durch den Gebrauch von Cassiodor's Chronik zu erklären[4]), namentlich wegen einiger Notizen im nachprosperischen Teil des Sev. Sulp., die mit Cassiodor verwant sind; indess gerade die mit Prosper übereinstimmenden Stellen finden sich bei Cassiodor gar nicht oder in gänzlich veränderter Form. Es bleibt also nichts übrig, als — wenn auch ungern — für wahrscheinlich anzunehmen, dass der Compilator, so dürfen wir ihn mit vollem Recht bezeichnen, auch die Chronik des Tiro Prosper von Aquitanien gehabt hat. Dafür könnte auch geltend gemacht werden, dass schon in früher Zeit die Chronik

---
1) Idatius weicht im Wortlaut durchaus ab: (Roncalli II, 35/36) Maximus ... Augustus appellatur ... vix quatuor regni sui mensibus expletis ... seditione occiditur militari.
2) z. B. Alaricus Romam ingressus; Occisus est Maximus tyrannus Aquileja; [Theodosius] vero Mediolani obiit; Carthago-capta a Geserico etc.
3) Einige andere scheinen in den Idatiustext interpolirt zu sein.
4) Der bekanntlich Prosper excerpirt.

Prosper's mit Weglassung ihres ersten Teils, der des Hieronymus angefügt wurde. Es wäre daher wol glaublich, dass dasselbe schon in der Handschrift des Hieronymus der Fall war, welche unser Autor benutzte. Indess ist dabei zu beachten, dass sowol Idatius, als namentlich das Chronicon imperiale dem Hieronymus, als dessen Fortsetzungen beide sich geben, angefügt wurden und beide Chroniken lagen, wie wir gesehen, dem sogenannten Severus Sulpitius vor.

Die Divergenz, welche in der Zählung der Kaiserregierungsjahre zwischen unserem Chronisten und Prosper herrscht, beruht vielleicht darauf, dass ersterer ein besonderes Kaiserverzeichniss daneben benutzte. Dieses muss für den nachprosperischen Abschnitt von 455 an ohnehin angenommen werden. Wir fanden oben, dass vermutlich unserem Chronisten eine chronologisch-historische Sammlung vorlag, aus der er einen sogenannten „Liber generationum" und Consularfasten benutzte: Dergleichen Sammlungen enthielten aber auch regelmässig Kaiserverzeichnisse, wie wir es im Anonymus Scaligeri, beim Chronographen von 354 wenigstens in der römischen Stadtchronik enthalten finden. Daher ergibt sich die Vermutung, dass unser Chronist einen Kaiserkatalog, den ihm besagte Sammlung bot, dem nachhieronymianischen Teile seines Werkes von 379 an zu Grunde legte[1]). Die Angaben der Regierungszeit für die Kaiser nach Valentinian III weichen durchaus von Idatius ab, der doch für die Zeit von 455 bis 469 noch vorlag. Die Angaben sind in unserer Chronik genauer, z. B. Avitus regiert nach Idatius fälschlich 3 Jahr, nach unserer Chronik richtig 1 Jahr 3 Monate. Dagegen erhält Majorian hier nur 3 Jahr und 6 Monate, statt 4 Jahr und 6 Monate. Anthemius bekommt „ann. X" doch ist X nur für V verschrieben, weil die Chronik richtig in das fünfte Jahr seiner Regierung seinen Tod setzt. Anthemius ist der letzte weströmische Kaiser, den sie erwähnt. Sie rechnet schon vom Jahr 456 an wegen der kurzen Regierungsdauer der weströmischen nach Regierungsjahren der oströmischen Kaiser. Die Angaben über die Regierungsdauer derselben sind aber hier nun sämmtlich falsch: Leo I erhält 21 statt 17 Jahre, Zeno dessen Nachfolger nur 13 statt 17 Jahre, so gleicht sich nun aber die Rechnung aus, denn die Gesammtsumme der Regierungsjahre beider Kaiser beträgt sowol in Wirklichkeit, als nach den Angaben unserer Chronik 34. Des Anastasius, des Nachfolgers Zenos, Regierungs-

---

1) Der Kaiserkatalog des Anon. Scal. schliesst mit Anastasius, wie unsere Chronik, es herrscht indess durchaus keine Uebereinstimmung in beiden Verzeichnissen.

antritt fällt darum bei ihr richtig in das Jahr 491. Diesem Kaiser werden 19 Regierungsjahre zugeteilt — in Wirklichkeit regierte er 27 Jahre — mit dem 19. Jahre seiner Regierung d. i. 510 p. Chr. schliesst die Chronik. Diese ihre Rechnungsart ist bei Benutzung derselben zu beachten; dann findet man, dass die chronologische Ansetzung der Nachrichten im Ganzen richtig ist. So z. B. wird Theodorich's Einfall in Italien in das 11. Jahr Zeno's gesetzt, das erste Jahr dieses Kaisers fällt nach Rechnung der Chronik in 479, jene Nachricht also genau richtig in das Jahr 489. Indess sind die Nachrichten auch mehrfach unrichtig, etwa um ein Jahr zu früh oder zu spät, angesetzt: So z. B. die Schlacht bei Vouglé wird in ann. XV Anastasii = 506 gesetzt, während sie 507 fällt. Man kann das auch anders nicht erwarten, namentlich wenn man sieht, dass die verschiedenen Angaben der Chronik in Betreff des Schlussjahres zwischen 509, 510 und 511 variiren. —

Aus den falschen Ansetzungen über die Regierungszeit der Kaiser, sowie aus den sonstigen chronologischen Irrtümern geht, dünkt mich, hervor, dass die Quelle, resp. Quellen, welche unser Chronist für die Zeit von 455 bis 509 gebrauchte, nicht nach Regierungsjahren der Kaiser rechnete. Die Chronik selbst deutet an, dass ihre Quelle vielmehr die Rechnung nach Consulatsjahren gebrauchte, wenn sie sagt: „levatus est Severus... Imperator *et Consul*", und am Schluss: „Consulatus fuit Felici[s] et Secundini", wie doch wahrscheinlich gelesen werden muss.

Mit grösserer Bestimmtheit als Prosper lassen sich nun die weströmischen (ravennatischen) Fasten bei Sev. Sulp. nachweisen. Dadurch gewinnt diese Chronik schon früh einen kaum erwarteten eigenen Wert. Wir vergleichen, um so den Zusammenhang am kürzesten zu erweisen, die hier vorkommenden Stellen mit solchen aus ravennatischen Ableitungen und fügen die entsprechenden Nachrichten aus den drei chronikalischen Quellen hinzu:

[1]) Anon. Cusp. ad a. 390	Sev. Sulp. ad a. 391.	[2]) Chron. imp. ad a. 390.
His coss. signum apparuit in celo quasi columna pendens per dies viginti [3]).	Signum in Caelo, Columna *pendens per dies* XXX.	Terribile in coelo signum, columnae per omnia simile apparuit.

---

1) Mommsen, Chronograph p. 665.
2) Roncalli I, 743/44.
3) Marcellin eine dritte Ableitung „dies XXX". Ebenso Exc. Sangall. in Bulletino di arch. crist. 1867 p. 18.

Cont. Havn.[1])	Sev. Sulp. ad a. 400.	[2]) Prosp. ad a. 400.
Gothi cum totius robore exercitus Alarice duce Alpes Julias transgressi in Italiam ruunt X kal. Sept.	Alaricus rex Gothorum *Alpes Julias* rumpens *Italiam ingreditur.*	Gothi Italiam Alarico et Rhadagaiso ducibus ingressi.
An. Cusp. ad. a. 403. His coss. Theodosius levatus est Imp. Constantinopoli IIII id. Jan.	id. a. 403. Theodosius junior et Augustus factus est[3]).	

Dahin gehören ferner folgende Notizen: Valentinianus nascitur *Ravenna*[4]). Gleich darauf wolj: (Constantius) post mensem sextum (sc. regni) moritur. Im Chron. imp. lautet die Stelle, ebenfalls aus den ravennatischen Annalen genommen: Constantio dignitas imperii ab Honorio sponte delata, qua vix *octo* mensibus usus interiit. Wegen des Unterschiedes in der Zeitangabe geht auch wol die Stelle bei Sev. Sulp. auf die bei Theophanes l. c. in ursprünglicher Gestalt erhaltene Notiz zurück: Τούτῳ τῷ ἔτει Κωνστάντιος ὁ πατὴρ Οὐαλεντινιανοῦ ἐβασίλευσεν, πρὸ ἓξ εἰδῶν Φεβρουαρίου· καὶ ἐσφάγη[5]) πρὸ τεσσάρων νώνων Σεπτεμβρίου. Der Chronist hat genauer gerechnet, als das Chron. imp., denn danach ist die Regierungszeit in der Tat noch nicht 7 Monate[6]). Sev. Sulp. ad a. 438:[7]) Valentinianus redit — nämlich von Constantinopel, wohin er gereist war, um sich mit der Prinzessin Eudoxia zu vermählen — ist eine starke Verkürzung aus der allein bei Marcellin erhaltenen ravennatischen Notiz[8]): Valentinianus Imp. cum Eudoxia uxore Ravennam ingressus

---

1) ed. Hille p. 5.
2) Roncalli I, 643/44.
3) Wird von keiner der drei Chroniken gemeldet.
4) Esp. sagr. IV, 452 ad a. 421 vgl. Theophanes chronogr. ed. Bonn. I, 130: Τῷ δ'αὐτῷ ἔτει ἐγεννήθη Οὐαλεντινιανὸς ὁ υἱὸς Κωνσταντίου καὶ Γάλλης Πλακιδίας ἐν 'Ραβέννῃ. Darüber als ravennatische Notis s. meinen erwähnten Aufsatz. Idat. hat nur „Valentinianus Constantii et Placidiae filius nascitur" u. Prosp.: Valentinianus Constantii et Placidiae filius nascitur VI nonas Julias.
5) ἐσφάγη ist ein Versehen für ἐτελεύτησε oder dergl.
6) Paulus diac. hist. Rom. lib. XVI giebt dieselbe ravennatische Notiz wieder mit: Honorius Constantium cunctis adnitentibus apud Ravennam in regni consortium adscivit, qui *necdum VII mensibus evolutis* ex hac luce subtractus est.
7) a. XIII Theod. II et Valentin. III p. 452.
8) z. J. 438 (Theodosio XVI et Fausto coss). Roncalli II, 285.

est. — Wenn ferner unsere Chronik zum Jahr 439 sagt: „Eudoxia Ravenna regnum accepit", so hat sie eine wiederum nur einmal und zwar bei Agnellus [1]) erhaltene ravennatische Nachricht entstellt: facta est Dñā Eudoxia Augusta Ravennae VIII idus Augusti. Auf dieselbe annalistische Quelle darf man noch zurückführen (p. 453): Regrediens (sc: ex Gallia) Attila Aquilejam frangit [2]), welche Notiz wir in vielen Ableitungen der Fasten finden. — Weiterhin lässt sich Benutzung der Consularannalen nicht mehr mit Sicherheit nachweisen, dagegen ist es ziemlich unzweifelhaft, dass der Chronist eine Ableitung derselben, die Chronik des Marius v. Avenches von 455, dem Schlussjahr des Prosper u. des Chronicon. imp an gebrauchte. Es wäre das auch insofern bemerkenswert, als die einzige uns erhaltene Handschrift des Marius [3]) ebenfalls das Chronicon imperiale enthält. Jedoch lehnte Marius selbst sein Werk an die Chronik Prosper's an, wie er denn auch übereinstimmend mit diesem nach Consulatsjahren zählt und da unser Chronist nun vielleicht auch Prosper's Chronik benutzt, so ist es zum mindesten zweifelhaft, ob der ihm vorliegende Codex des Chron. imp. auch Marius enthielt und ob dieser nicht vielmehr die Fortsetzung Prosper's bildete. — Folgende Stellen weisen auf Benutzung des Marius in der Chronik: [4]) Majorianus . . . volens Africam proficisci naves ejus in Hispaniis a Wandalis captae sunt juxta Carthaginem Spartariam. Die ersten Worte erklären sich aus Idatius [5]), die folgenden stimmen aber wörtlich mit Marius [6]): Eo anno captae sunt naves a Vandalis ad Elecem juxta Chartagine Spartaria. — Auf Marius dürfte auch zurückgehen die Notiz: Fredericus frater Theuderici regis pugnans *cum Francis* occiditur juxta Ligerim. Nur ist von den Franken nicht die Rede in Marius' Worten [7]) „His coss. pugna facta est inter Aegidium et Gothos inter Ligere et Ligerecino, juxta Aurelianis, ibique interfectus est Fredericus rex Gotho-

---

1) Vita S. Exuperantii c. I bei Muratori II, 1 p. 62.
2) Die folgenden Worte „qui et antea plus LXX Civitates Orientis vastavit" sind aus Chron. imp. a. XXIV Theod. II et Valent. III bei Roncalli I, 753|54.
3) Im British Museum Nr. 16974.
4) a. III Leonis imp. = 460 bei Florez IV p. 453.
5) Der ganze Passus lautet bei Idat. (Roncalli II, 43|44): Mense Majo Majorianus Hispanias ingreditur Imperator: quo Carthaginensem provinciam pertendente, aliquantas naves, quas sibi ad transitum adversum Wandalos praeparabat, de litore Carthaginensi commoniti Wandali per proditores abripiunt.
6) ad a. 460 bei Roncalli II, 402.
7) Zu 462: Roncalli II, 403.

rum." Idatius, der die Nachricht auch bringt, nennt ebensowenig die Franken als Teilnehmer an der Schlacht. Dennoch ist es wol mehr als wahrscheinlich, dass eine Abteilung Franken unter Childerich in der Tat an der Schlacht bei Orléans Teil nam [1]). Wie kommt aber der Chronist zu dieser Kenntniss, wie kommt er namentlich dazu, Aegidius ganz fortzulassen und an seine Stelle die Franken zu setzen? Man könnte meinen, er hätte die Sage von dem fränkischen Königtum des Aegidius [2]) gekannt und nun eigenmächtig für den König des Volkes das Volk selbst gesetzt. Doch spricht dagegen manches, zunächst dass die Nachricht aller Wahrscheinlichkeit nach richtig ist: Um die Entstehung einer falschen Nachricht zu erklären, dürfte man diesen Ausweg wol wählen, aber man darf nicht eine richtige Notiz aus einem historischen Irrtum ableiten wollen. Dann lag dem Compilator auch Idatius vor, der Aegidius als „Comes utriusque militiae" bezeichnet, das beförderte zum mindesten nicht den Gedanken an einen Frankenkönig. Endlich macht diese Annahme schon über Person und Zeit des Chronisten Voraussetzungen, welche wir ohne weiteres zu machen nicht berechtigt sind. Es ist durchaus wahrscheinlicher, dass die Worte „cum Francis" einer zweiten Quelle entnommen sind. — Einfach aus Marius abgeschrieben ist die Notiz: Theudericus rex Gothorum ab Eurico fratre suo Tolosa occiditur [3]). Sie ist die letzte aus dieser Chronik geschöpfte. Bei der Dürftigkeit derselben kann es nicht Wunder nehmen, dass der Compilator nicht mehr aus ihr entlehnt hat. Auffallend ist aber, dass in dem letzten Abschnitt von 455 die Benutzung des Idatius fast ganz zurücktritt. Es ergiebt sich daraus die Bemerkung, dass, wo die Quellen reich und ausführlich wurden, es dem Compilator zu unbequem und mühsam wurde, wenige besonders wichtige Nachrichten für sein Werkchen herauszusuchen. Wie hier Idatius, so hat er früher auch Prosper fast ganz vernachlässigt, als die kurze Annalistik zu breiterer Erzählung anwuchs. In solchem Falle wendet er sich zu kurzen und dürftigen Quellen wie Marius und Consularannalen.

---

1) Gregor. Turon. II, 18: Igitur Childericus Aurelianis pugnas egit. vgl. Löbell, Gregor von Tours S. 544 f. u. Junghans, Kritische Untersuchungen zur Geschichte der fränk. Könige Childerich u. Chlodovech S. 13 f.
2) Gregor. Turon. II, 12.
3) Esp. sagr. IV, 453 zum J. 467 vgl. Marius zum J. 467 (Ronc. II, 403): Eo anno interfectus est Theodoricus rex Gothorum a fratre suo Euthorico Tholosa.

Aus Marius konnte der Chronist auch sein „Severus levatus est imperator *et Consul*" [1]) und die Consuln Felix und Secundinus seines Schlussjahres entnehmen.

Die Benutzung der ravennatischen Annalen, sagten wir oben, lässt sich in unserer Chronik nach dem Jahr 455 nicht mehr nachweisen. Zwar findet man auch noch fernerhin einige Uebereinstimmung mit ihnen, diese lässt sich indess teils durch die Benutzung des Marius erklären, teils wird sie durch ebenso starke Abweichungen paralysirt. Solche enthält z. B. gleich der Satz[2]): Martinianus obiit et Avitus occisus est a Majoriano Comite domestico Placentiae. Daran ist zunächst unrichtig, dass das Ende des Avitus in das Jahr 457 statt 456, hinter den Tod Marcian's gesetzt wird. Nach den ravennatischen Annalen wurde aber Avitus garnicht getötet, sondern nach seiner Absetzung zum Bischof von Piacenza gemacht. Beide Unrichtigkeiten lassen sich indess durch die Benutzung des Idatius [3]) erklären. Er setzt des Avitus Absetzung und Marcian's Tod ebenfalls in dasselbe Jahr und sagt von Avitus „caret imperio . . *caret et vita*". Ferner wird nach den Ravennater Annalen Avitus von *Ricimer* gefangen genommen und des Reiches entsetzt, doch hat Marius die Fassung „dejectus est Avitus Imp. *a Majoriano et Ricimere Placentia*". Der Titel aber, welchen die Chronik dem Majorian giebt, zeigt, dass sie die ganze Nachricht aus einer anderen Quelle hat:

Es findet sich nämlich weder in einer Fastenableitung, noch sonst irgendwo die Angabe, dass Majorian damals Comes domesticus gewesen wäre. Nach Avitus' Absetzung wurde er am 28. Februar 457 Magister militum [4]). Früher diente er als Unterbefehlshaber unter Aëtius, wurde aber von diesem aus dem Dienst entlassen und lebte als Privatmann, bis Valentinian III ihn nach Aëtius' Ermordung an den Hof rief. Des Apollinaris Sidonius [5]) Worte, durch den

---

1) Das Jahr 462 bezeichnet Marius mit „Leone II et Severo coss", während in allen oströmischen Consulartafeln der Name des Severus fehlt.
2) Esp. sagr. IV, 453 ad a. 457. Für Martinianus lies Martianus.
3) Roncalli II c. 41|42.
4) An. Cusp. bei Mommsen. p. 666.
5) Ap. Sid. paneg. Majoriano dictus (Abdruck nach Sirmond's Ausgabe bei Migne 58 p. 667) v. 305 ff.:
Principis interea gladio lacrymabile fatum
Clauserat Aëtius: cujus quo tutius ille
Magna palatinis conjungeret agmina turmis,
Evocat hunc precibus. (hunc = Majorianum).
Bei Joannes Ant. fr. 201, 6 (Müller, fragm. hist. graec. IV, 615) ist eine auf Majorian bezügliche Stelle offenbar verderbt. Es wird dort Valentinian's III Ermordung erzählt, dann herrscht Tumult in der Stadt „τῶν

wir dieses alles erfahren, deuten darauf, dass Majorian in der Tat damals das Amt des Comes domesticus erhielt, denn es scheint danach, dass er das Commando der kaiserlichen Leibgarde, der protectores domestici übernommen hat. Die Angabe unserer Chronik scheint also richtig zu sein. Eine zweite Nachricht, welche die Chronik mit den ravennatischen Annalen gemein hat, ist folgende: „Majorianus . . . a patricio Recimere occiditur Dertona; et levatus est Severus de Lucaniis Imperator simul et Consul." Der erste Teil derselben ist schwerlich aus der weit genaueren Fassung bei Marius gemacht, der hier fast wörtlich mit Anon. Cusp. übereinstimmt[1]), indess wäre es nicht unmöglich; aber der zweite Teil des Satzes muss wiederum einer andern Quelle entlehnt sein, wegen des Zusatzes „de Lucaniis". Es findet sich die Heimat des Severus zwar in einer Fastenableitung, der Chronik Cassiodor's [2]) angegeben, die Worte gehen aber gewiss nicht

μὲν τὸν Μάξιμον βουλομένων παράγειν ἐς τὴν ἀρχήν, τῶν δὲ Μαξιμιανὸν ἐσπουδακότων χειροτονεῖν· ὃς ἦν μὲν πατρὸς Δομνίνου, Αἰγυπτίου πραγματευτοῦ, εὐημερήσαντος δὲ κατὰ τὴν Ἰταλίαν, καὶ τῷ Ἀετίῳ τὴν τοῦ δομεστίκου διακινούμενος χρείαν. Für Μαξιμιανὸν muss offenbar Μαιουρῖνον gelesen werden, denn Joa. führt fort: τῷ δὲ Μαιουρίνῳ ἐσπουδάκει καὶ Εὐδοξία ἡ τοῦ Βαλεντινιανοῦ γαμετὴ γενομένη. Dass man schon damals Majorian zum Kaiser machen wollte, bestätigt Ap. Sid. 1. c. v. 312 f.: Jam tuno imperium praesentis principis aurea volvebant bona fata colu. Seine Verbindung mit Aëtius bestätigt derselbe l. c. passim. Der Vater Majorian's war bislang unbekannt, hienach hiess er Dominus und war ein ägyptischer Kaufmann, der aber in Italien sein Glück gemacht hatte (es ist doch wol nicht möglich mit Müller im Index IV, 795 aus dieser Stelle herauszulesen: Maximianus, Aëtii domesticus, *pater Domnini*). Damit kann aber garnicht besser stimmen, was Ap. Sid. l. c. v. 116 ff. von Majorian's Vater sagt. Erst handelt er dessen Schwiegervater, auch Majorian genannt, der hohe Staatsämter bekleidet hatte, ab und führt dann fort:
Hunc socerum pater hujus habet, vir clarus, et uno
Culmine militiae semper contentus, ut unum
Casibus in dubiis junctus sequeretur amicum.
Non semel oblatis tentavit fascibus *illum*
Aëtio rapere aula suo; sed perstitit ille
Major honoratis . .
. . . . erat ille quod olim
Quaestor consulibus, tractabat publica jure
Aera suo, tantumque modum servabat, ut illum
Narraret rumor jam rebus parcere nati.
Also die Geldgeschäfte für Aëtius machte Majorian's Vater. Daraus geht hervor, dass an der oben citirten Stelle des Joannes Ant. für „διακινούμενος" „διακινουμένου" zu lesen ist, sich also auf Δομνίνου bezieht, welche Lesart auch besser in die Satzconstruction passt. —

1) Mar. Av. (bei Ronc. II c. 402): His coss. dejectus est Majorianus de imperio in civitate Dertona a Ricimere patricio et interfectus est super Ira fluvio; et levatus est Severus Imp. Ravenna.

2) Mommsen, Cass. p. 654: His coss. Majorianus inmissione Ricimeris

auf die ursprüngliche Quelle zurück. Der Satz „Obiit Severus Imperator et levatus est Anthimius Romae" könnte möglicherweise aus den Fasten[1]) selbst genommen sein, er ist jedoch zu farblos um irgend etwas beweisen zu können. Aus Marius[2]) ist er nicht, weil diesem die Ortsbestimmung „Romae" fehlt. Von besonderem Interesse ist endlich die Notiz: Anthimius Imperator acto intra urbem civili bello a Ricimere genere suo vel Gundebado extinctus es. Sie erinnert stark an die Fassung derselben Nachricht in den ravennatischen Annalen bei Anon. Cusp. „His cons. bellum civile gestum est Romae inter Anthemium imperatorum et Ricimere patricio ... Et occisus est Imp. Anthemius v. id. Jul."

Dass Ricimer des Anthemius Schwiegersohn war, konnte der Chronist aus Idat.[3]) entnehmen, hat es aber schwerlich daher. Eine Fastenableitung Marcellinus Comes giebt die betreffende Nachricht mit den Worten[4]): „Anthemius Imp. a Ricimere *genero suo* occiditur," doch gehören die Worte „genero suo" schwerlich der ursprünglichen Quelle an. Keine der Ableitungen weiss aber, dass Gundobad, der Burgunde, Neffe Ricimer's, an der Ermordung des Kaisers beteiligt war. Nur[5]) Joannes von Antiochien erzählt, dass gerade Gundobad mit eigener Hand den Kaiser tötete und seine Erzählung ist so genau, dass an ihrer Richtigkeit kein Zweifel sein kann. Dass weder diese noch die vorher besprochenen Nachrichten auf die ravennatischen Annalen zurückgehen können, ist klar, aber die Form derselben ist jenen doch ausserordentlich nahe verwant, so dass der Gedanke sehr nahe liegt, die Quelle der besagten Notizen sei ebenfalls eine Consulartafel mit annalistischen Nachrichten.

---

extinguitur, cui Severum *natione Lucanum* Ravennae |succedere fecit in regnum. Die betreffenden Worte sind ein Zusatz Cassiodor's, den er um so eher aus eigener Kenntniss machen konnte, da er selbst aus Unteritalien (Bruttien) stammte. Sein Vater war Corrector der Provinzen Bruttien u. Lucanien gewesen. cf. Cass. Var. I, 3. vgl. Teuffel, Röm. L-G. § 475 S. 1099.

1) Anon. Cusp.: His coss. levatus est imp. d$\overline{\text{on}}$. Anthemius Romae prid. id. Apr.

2) His coss. levatus est Anthemius Imp. — Idat. giebt eine noch genauere Ortsbestimmung „octavo milliario de Roma." — Unsere Chronik begeht einen Irrtum, wenn sie des Severus Tod u. Anthemius' Erhebung in dasselbe Jahr setzt. Ersterer fällt 465, letzter 467. —

3) Idat. ad. a. III Anth. (Ronc. II, 51|52): Legati redeunt nuntiantes ... Rechimerum generum Anthemii Imperatoris et patricium factum.

4) Roncalli II, 297 Ind. X. Marius hat die Nachricht garnicht.

5) Joannes Ant. fr. 209, 1 (Müller, fragm. IV, 617): Ἀνθέμιος ... αὐτοῖς τοῖς πτωχεύουσιν ἀναμιχθείς, ἐν τοῖς πρόσφυξι τοῦ μάρτυρος Χρυσογόνου γίνεται. Ἐκει τε τῆς κεφαλῆς ἀποτέμνεται ὑπὸ Γονδουβάνδου τοῦ Ῥεκίμερος ἀδελφοῦ. (l. ἀνεψιοῦ?)

Neben diesen auf die weströmischen Kaiser und Italien bezüglichen Notizen und zum Teil mit ihnen verbunden, bringt unsere Chronik andere, die sich teils in der langobardischen Chronik von 641, teils in Isidor's Historia Gothorum widerfinden, teils aber auch hier allein erhalten sind. Der letzteren Kategorie gehört jene Nachricht an, welche, wie wir fanden, die Franken als Teilnehmer der Schlacht bei Orléans nannte. Der ersteren Kategorie angehörig finden wir zunächst die auf die Hunenschlacht von 451 bezügliche Stelle [1]). Kaufmann [2]) hat bereits darauf aufmerksam gemacht, dass sie aus derselben Quelle, wie die betreffenden Stellen in der Chronik [3]) von 641, bei Gregor v. Tours u. a. geschöpft ist. Seine dort aufgestellte irrtümliche Ansicht, dass die gemeinsame Quelle dieser Stellen die ravennatischen Annalen seien, hat Kaufmann jetzt selbst [4]) zurückgenommen, die Quellenverwantschaft der Stellen besteht aber nichtsdestoweniger [5]). Allein von unserer Chronik wird hier berichtet, dass Laudarich, ein Verwanter Attila's in der Schlacht gefallen ist. Dieser Laudarich ist sonst ganz unbekannt.

Mit der Chronik von 641 hat die unserige noch folgende Nachrichten gemein:

---

1) Esp. sagr. IV, 453: I anno Aëcius Patricius cum Theodorico rege Gothorum contra Attilam regem Hugnorum Tricasis pugnat loco Mauriacos: ubi Theudoricus, a quo occisus incertum est, et Laudaricus cognatus Attilae; cadavera vero innumera. Die letzten drei Worte können allenfalls gemacht sein aus Idat. (Ronc. II, 33|34): „CCC ferme millia hominum in eo certamine cecidisse memorantur."
2) Forschungen VIII, 122 ff.
3) Cont. Havn. ed. Hille p. 6: Zusatz zu Prosper: Pugnatumque est in quinto miliario de Trecas loco nuncupato Maurica in Campania.
4) Im Philologus 1874. XXVI Heft 2 S. 282.
5) Zunächst besteht Quellenverwantschaft zwischen unserer Chronik und der von 641, als dritte Ableitung tritt dann wol Fredegar hinzu. Gregor von Tours und Jordanis haben sonst dieselbe Quelle benutzt, welche jene Notiz enthielt, in ihrer breiteren Erzählung aber des Hunenkampfes, welche auf weit ausführlicheren Quellen beruht (Acta Aniani für Gregor, Priscus u. Prosper für Jordanis) tritt die Verwantschaft mit jener kurzen Notiz nicht hervor. Gänzlich von der Quellenverwantschaft auszuschliessen sind die betreffenden Stellen in Cassiodor's Chronik, im App. zu Vict. Tunnun. d. i. Maximus v. Zaragoza u. Isidor. Die Stelle bei dem letzteren ist aus Idat. u. Maxim. Caesaraug. compilirt vgl. Hertzberg, die Historien des Isidorus v. Sevilla p. 68.

Sev. Sulp.[1]).
Arelato capta est ab Eorico cum Massilia et ceteris castellis.

ad a. 485[3]).
Mortuus est Eoricus Arelate et ordinatur filius suus Alaricus Tolosa.

Cont. Havn. ad a. 476[2]).
Gothi Eurico rege multas Galliae urbes vastant praecipuamque inter eas Arelas opibus exuunt et a Romana ditione suae ditioni subjugant.

ad a. 486[4]).
Euricus rex Gothorum penes Arelas urbem, quam ipse caeperat, moritur locoque ejus Alaricus filius ejus confirmatur V k. Jan.

Der Chronist von 641 hat hier seine kurze, trockene annalistische Quelle, wie sie an diesen Stellen durch die Chronik von 733 in ursprünglicher Gestalt repräsentirt wird, stylistisch erweitert und der dürren Notiz etwas Färbung gegeben, genau wie er es bei Benutzung der bei ihm so reich erhaltenen ravennatischen Nachrichten macht[5]). Bei der stylistischen Erweiterung hat er aber hier die Quelle nicht vollständig wiedergegeben, was den realen Inhalt anbetrifft, denn er nennt unter den „multas Galliae urbes" nicht Massilia, lässt auch den Ort der Erhebung Alarich's II Tolosa fort[6]). Darum dürfte man hier Quellenverwantschaft nicht finden dürfen, wenn sie nicht schon vorher durch anderweitige Uebereinstimmung constatirt wäre. Den beiden Chroniken von 641 und 733 ist also gemein die Benutzung der ravennatischen Annalen und einer annalistischen Quelle, welche auf Gallien bezügliche Nachrichten bringt. In einer ursprünglich, wie es scheint, ravennatischen Notiz nähern sich die beiden Chroniken nun einander mehr, als beide dem Anon. Cusp d. i. der reinsten Ableitung der Ravennater Annalen. — Dieser meldet den ersten Einfall Alarich's I in

---

1) p. 454 ad a. XX Leonis = 477 p. Chr.
2) ed. Hille p. 28 vgl. Jord. get. c. 27; Isid. hist. Goth. DIV bei Labbe, bibl. I, 66; Maximus Caesaraug: marg. ad Vict. Tunn. bei Ronc. II, 345 vgl. über Maximus: Hertzberg, die Historien des Isidorus (Gött. 1874) p. 65 ff.
3) a. VII Zenonis. Für „ordinate" bei Florez ist natürlich „ordinatur" zu lesen.
4) Der zweite Text zum J. 487: Euricus rex Gothorum moritur et rex pro eo Alaricus. vgl. Jord. get. c. 47; Maximus bei Ronc. II, 349.
5) vgl. Waitz, Nachr. von der Gött. Ges. d. Wiss. 1865 S. 94 ff.
6) Der zweite Text ist dann noch weiter verkürzt, indem er den Todesort Eurich's Arles nicht nennt. Daher darf man es für glaublich halten, dass die Quelle auch jene beiden anderen Orte nannte und der Chronist sie weggelassen hat.

Italien zum J. 401 — fälschlich statt 400 — mit den Worten[1] „intravit Alaricus in Italiam XIIII kl. Decemb." Die Chronik von 641 hat dafür: Gothi cum totius robore exercitus Alarice duce *Alpes Julias transgressi* in Italiam ruunt X kal. Sept. Unsere Chronik hat: Alaricus rex Gothorum *Alpes Julias rumpens* Italiam ingreditur[2]. Der Schluss liegt auf der Hand: Beide Chroniken benutzten eine Quelle, in der die ravennatischen Annalen bereits mit jenen gallischen Nachrichten verbunden waren, indessen auch schon einige Modificationen erfahren hatten. Während nun aber die Chronik von 641 vom Jahre 455 an die ganze Fülle der ravennatischen Nachrichten bringt, ist es unzweifelhaft, dass die Chronik von 733 in ihrem letzten Teile die ravennatischen Annalen nicht mehr benutzt hat. Wir fanden vielmehr — und darum wurde die Untersuchung oben so bis ins einzelne geführt — dass ihre Nachrichten von denen der Ravennater Annalen teils abwichen, teils ihnen sogar widersprachen. Dann aber hat unsere Chronik etwa von den 50er Jahren an mehrere auf Gallien und Spanien bezügliche Nachrichten, die sich — und das ist sehr auffallend — teilweise nun doch wieder auch in der Chronik von 641 finden[3]. Die einzig mögliche Erklärungsweise dieser Erscheinungen ist folgende: Ein Exemplar der ravennatischen Annalen kam um etwa 455 nach Südgallien, wurde hier mit südgallischen Annalen verbunden u. weiter fortgesetzt. Diese so entstandene Quelle haben die beiden Chroniken — und füge ich hier hinzu auch Gregor v. Tours — benutzt. Daneben hatte aber der Chronist von 641 ein vollständiges Exemplar der Ravennater Annalen. Der Erklärungsversuch ist misslich und soll eben nur ein Versuch sein, ich sehe indess keinen besseren.

Die Vergleichung der noch übrig bleibenden auf Gallien und Spanien bezüglichen Nachrichten in dem letzten Teil unserer Chronik mit Isidor's historia Gothorum zeigt[4], dass beide dieselbe Quelle benutzt haben und zwar so, dass sie an den wenigen Stellen, welche sie gemein haben, sich in wünschenswerter Weise ergänzen und controliren. Das zeigt folgende Vergleichung:

---

1) Mommsen, Chronograph p. 665.
2) Vgl. oben S. 34.
3) Wäre in der Chronik von 641 nicht leider die grosse Lücke von 458 bis 473, so würden wir gewiss mehr Beweisstellen für diese Behauptung beibringen können.
4) Hertzberg S. 72 n. stellt die betreffenden Nachrichten der beiden Quellen schon zusammen, spricht aber weiter nicht über die zu Grunde liegende Quelle. Er bezeichnet es nur als möglich, dass Maximus v. Zaragoza, wie dem Isidor, so auch unserer Chronik vorlag.

Isid. hist. Goth. Aera 504[1]). [Euricus] Inde Pampilonam et Caesaraugustam misso exercitu capit, superioremque Hispaniam in potestate sua mittit. Tarragonensis etiam provinciae nobilitatem, quae ei repugnaverat, exercitus irruptione evertit.	Sev Sulp. ad a. 473[2]). Gauterit Comes Gothorum Ispanias per Pampilonem, Caesaraugustam et vicinas urbes obtinuit. Heldefredus quoque cum Vincentio Ispaniarum duce obsessa Tarracona maritimas urbes obtinuit. Vincentius vero ab Eorico rege quasi Magister militum missus ab Alla et Sindilla Comitibus Italia occiditur.

Man erkennt hier leicht die Angaben des Sev. Sulp. als die ursprünglicheren gegenüber der Ueberarbeitung des Isidor, die alles specielle verwischt, wichtiges weglässt und durch die Kürzung die Quelle nur sehr getrübt wiedergiebt[3]). Hauptsächlich noch den letzten Passus, welcher sich auf den Krieg zwischen Chlodovech und den Westgothen und die folgenden Ereignisse bezieht, hat dieselbe Quelle mit Isidor gemein; ebenso den Satz: „Theodericus[4]) expulsus a Zenone Imperatore ingressus Italiam fugato Unulfo et occiso Odofagro[5])". Dass Isidor und unsere Chronik dieselbe Quelle benutzen, liegt auf der Hand. Die Frage aber, welche Quelle hier vorliegt, beantwortet sich schwer, denn zwei Fälle sind möglich, entweder hat Isidor auch die gallischen Annalen benutzt, deren Spuren wir bereits in der Chronik fanden, oder umgekehrt, die Chronik benutzt Maximus v. Zaragoza, der für Isidor nach Aufhören des Idatius Hauptquelle ist.

---

1) Bei Labbe, bibl. I, 66; Arevalo VII, 1185. Der kürzere Text steht durch den Ausdruck „obtinuit" statt „in potestate sua mittit" Sev. Sulp. noch näher, weicht jedoch dem Inhalt nach von dem längeren nicht ab.

2) p. 453: a. XVI Leonis = 473. Für „Italia" ist vielleicht „Italica" zu lesen.

3) Die Empörung des Adels der provincia Tarraconensis bei Isidor scheint nur auf sehr willkürlicher Interpretation der Quelle zu beruhen. Der kürzere Text der hist. Goth. (in Isid. opp. ed. du Breul. p. 400) giebt: Terraconensis etiam nobilitatem, quae ei repugnaverat, exercitus irruptione *peremit*. Vermutlich hat Isidor seine Quelle dahin interpretirt, dass Vincentius von Eurich abgefallen, sich an die Spitze der römischen Bevölkerung der Prov. Tarrac. gestellt hätte und darum von den gothischen Grafen getötet worden wäre.

4) expulsus ist vielleicht missverständlich für „impulsus" „auf Antrieb Zeno's" geschrieben.

5) Isid. hist. Goth. aera 549: Theodericus iunior, cum iam dudum Consul a Zenone Imperatore Romano creatus fuisset *peremtoque Odoacro* rege Ostrogothorum, atque devicto fratre eius *Onoulfo* et trans confinia Danubii *effugato* ... in Italia victor regnasset. vgl. Hertzberg S. 73 n. 2.

Wir wollen erst weiterhin versuchen, uns darüber zu entscheiden, nachdem wir jene gallischen Annalen genauer geprüft haben.

In der Chronik von 733 bleibt nämlich nach alledem noch eine Anzahl Nachrichten übrig, welche sonst nirgend überliefert sind, ohne Zweifel aber auf die annalistische Quelle zurückgehen. Zum Jahr 453 (a. III Marciani) hat die Chronik die Nachricht: „Thurismundus rex Gothorum *Arelatem* circumspectat [1]". Das findet Bestätigung durch einen Brief des Apollinaris Sidonius an Tonantius Ferreolus, worin es heisst: Praetermisit (stylus) regem Gothiae ferocissimum inflexum affatu tuo melleo, gravi, arguto, inusitato, et ab Arelatensium portis, quem Aëtius non potuisset praelio, te prandio removisse [2]). Es kann hier kein anderer gothischer König als Thorismund gemeint sein, von dem schon kurz vorher in dem Briefe die Rede ist. Zum dritten Jahre Leo's I = 460 meldet ferner die Chronik: Majorianus ingressus *Arelatem* . . . . Profectus autem *ex Arelate* ad Italiam a patricio Recimere occiditur Dertona. Dass Kaiser Majorian sich längere Zeit in Arles aufgehalten hat, ist bekannt. Im November 458 verliess er Ravenna, um die beabsichtigte Expedition gegen die Vandalen in Afrika auszuführen, zunächst aber, um die Aufständischen in Gallien zu bewältigen; Ende desselben Jahres war er schon in Lyon [3]). Im Frühjahr 459 spätestens kam er nach Arles und und blieb hier wahrscheinlich bis zum April 460 [4]), in diesem oder dem folgenden Monat begab er sich nach Spanien. Da indess durch die Vernichtung seiner Flotte der Zug gegen die Vandalen vereitelt worden war, ging er wieder zurück. Im Frühjahr 461 war er wieder in Arles [5]), wo er sich längere Zeit aufgehalten haben muss. Die Chronik datirt also falsch, wenn sie Majorian's Einzug in Arles, sein Verlassen dieser

---

1) Die folgenden Worte „qui a fratribus suis occisus" sind aus Idat.
2) Ap. Sid. ep. VII, 12. Schon Sirmond in den Noten zu diesem Briefe hält Thorismund für den rex ferocissimus. cf. Idat. chron. (Ronc. II, 35|36): Thorismo rex Gothorum *spirans hostilia* a . . fratibus jugulatur; Prosp. chron. ad a. 453 (Ronc. I, 673|4): cum (Thorismodus) rex ea moliretur, quae et Romanae paci et Gothicae adversarentur quieti, a germanis suis . . . occisus est.
3) Hier sprach Ap. Sidonius seinen Panegyricus vor dem Kaiser noch im Jahre 458.
4) Von Arles sind zwei Erlasse Majorian's vom 17. April 459 und vom 28. März 460 datirt: Novellae constt. impp. Theodosii II etc. ed. G. Hänel (im Corp. Jur. Rom. antejust. VI) p. 330 u. 333. — Dazu: Idat. chron. ad a. IV Major. (Ronc. II, 43/44): Mense Majo Majorianus Hispanias ingreditur Imperator.
5) Das geht hervor aus Ap. Sid. ep. I, 11.

Stadt und seinen Tod, alles in das Jahr 460 verlegt. Da der Chronist auf das „M. ingressus Arelatem" erst die Vernichtung der kaiserlichen Flotte folgen lässt, so bezieht sich die Notiz auf den ersten Einzug des Kaisers in Arles und gehört in das Jahr 459. Das „Profectus autem ex Arelate" bezieht sich auf das Verlassen der Stadt nach seinem zweiten dortigen Aufenthalte, da er, sich von dort „ad Italiam" wendet und gehört darum in das Jahr 461. Die Quelle mag es anders verstanden haben, sie hat wahrscheinlich auch jedesmal das genaue Datum beigefügt.

Historisch am wichtigsten ist eine Nachricht, welche die Chronik zum Jahr 471 bringt: Antimolus a patre Anthimio Imperatore cum Thorisario, Everdingo et Ermano Comes stabuli *Arelate* directus est; quibus rex Eoricus trans Rodanum occurrit, occisisque ducibus omnia vastavit. Weder das Factum an sich, noch eine der hier genannten Personen, selbst nicht Antimolus, Sohn des Kaisers Anthemius, ist sonst bekannt. Da wir bisher alle der Chronik eigentümlichen Angaben anderweitig bestätigt fanden, so haben wir auch durchaus keinen Grund an der Richtigkeit dieser Nachricht zu zweifeln. Dass schon zu Anthemius' Lebzeiten Kriegszustand zwischen Gothen und Römern herrschte, ist hinreichend bekannt. In Gallien griff Eurich zunächst die Verbündeten des Kaisers, die Britonen an und schlug sie bei Déols[1]. Die Schlacht fand frühestens im Jahre 469, vielleicht erst 470 statt[2]. So scheint es auch durchaus richtig, dass der Sieg Eurich's über das kaiserliche Hilfsheer im Jahre 471, wie die Chronik ansetzt, vorgefallen ist. In diese Zeit — d. h.[3] 470 oder wahrscheinlicher 471 — fällt ein Brief des Apollinaris Sidonius, den er von Clermont aus an seinen, wie es scheint, in Italien weilenden Schwager Ecdicius schrieb. Er schliesst mit den Worten[4]: Quidquid sperandum, quidquid desperandum est, fieri te medio, te praesule placet. Si nullae a republica vires, nulla praesidia, si nullae quantum rumor est Anthemii principis opes: statuit te auctore nobilitas, seu patriam dimittere, seu capillos." Es geht aus dem Briefe hervor, einerseits, dass die Auvergne schon damals von Eurich bedroht war, andererseits, dass man Hilfe vom Kaiser hoffte. Es scheint, dass Ecdicius nach

---

1) Iord. get. c. 45; Greg. Turon. II, 18 cf. Ap. Sid. ep. I, 7.
2) So Dubos II, 144; in das Jahr 469 setzt die Schlacht Fauriel I, 314; in das J. 470 Binding I, 78 f. und Dahn, Könige V, 91. Letzterer zweifelnd.
3) 469 war Apollinaris Sidonius noch in Rom.
4) Ap. Sid. ep. II, 1.

Rom gegangen war¹), um die Sendung eines Hülfsheeres auszuwirken. Jene, von unserer Chronik gebrachte, Nachricht passt also durchaus in die Zeitverhältnisse, soweit uns diese bekannt sind. — All diese letztbesprochenen, der Chronik ausschliesslich eigentümlichen, Notizen haben eine so bestimmte Beziehung auf Arles, dass die Quelle, der sie entnommen sind, zweifellos in Arles abgefasst sein muss. — Wir fanden schon, dass unserem Chronisten südgallische Annalen vorlagen, danach kann kein Zweifel sein, dass diese Annalen und jene Quelle von Arles, welche offenbar auch annalistisch war, identisch sind. Zwei von den wenigen Notizen, welche wir auf die südgallischen Annalen zurückführen mussten, nennen nun ebenfalls die Stadt Arles²): es ist damit ausgemacht, dass der Chronist Annalen von Arles benutzte, denen er einen grossen Teil seiner Nachrichten für die Zeit von 451 ab entnahm. — In dem nächsten Abschnitt kommen wir auf diese Quelle noch einmal zurück. —

Es handelt sich nun darum, über Verfasser, Abfassungszeit und -Ort der kleinen Chronik klar zu werden, deren seltsame Compilationsweise uns so lange beschäftigte. Es fehlt zunächst nicht an Indicien über die Heimat ihres Verfassers. Der Gebrauch der Aera am Schluss der Chronik weiset ihn schon in bestimmte Grenzen, er kann danach nur in Spanien oder Südfrankreich geschrieben haben. In letzterem Lande wurde die Rechnung nach der Aera wenigstens vereinzelt angewant, aber erst in späterer Zeit³), lange nachdem sie in Spanien ganz allgemein in Gebrauch war. Das Concil von *Arles*⁴) vom Jahre 813 datirt nach dem Regierungsjahr des Kaisers und nach der Aera. Aber unser Chronist wendet diese Rechnungsweise nur an einer Stelle an und zwar bestimmt er sein Schlussjahr nach allen ihm bekannten Rechnungsarten, auch nach der Indiction und fordert Jeden, der Lust hat, auf weiter zu rechnen — d. h. die Chronik fortzusetzen — „per Indictiones vel per Eram".

---

1) Binding I, 89 freilich vermutet, Ecdicius befinde sich bei den Burgunden um dort Hilfe zu erwirken. Wie passt aber dazu: „si nullae a *republica* vires etc."

2) *Arelato* capta est ab Eorico; Mortuus est Euricus *Arelate.*

3) Heller, über die spanische Aera, in Sybel's hist. Ztschr. Bd. 31 1873. I, 14 zeigt, dass die Aera in Südfrankreich erst spät in Gebrauch gekommen sein kann, da sie sich bis Ende des siebenten Jahrhunderts auf keiner gallischen Inschrift (der Sammlung von Le Blant) findet.

4) Sirmond, Conc. ant. Galliae II, 266: anno XLV inclyti et orthodoxi Domini et principis nostri Caroli Imperatoris, sub die VI idus Majas, *aera DCCCLI.*

Die Indiction ist nun aber in Spanien durchaus unbekannt[1]), nur eine spanische Inschrift datirt danach und diese ist in Carthagena im Jahr 590, als diese Stadt noch unter byzantinischer Herrschaft stand, einem byzantinischen Beamten gesetzt[2]), das lässt also schliessen, dass unsere Chronik nicht in Spanien, sondern in Südfrankreich geschrieben ist. Durch die oben bemerkten, von unserem Chronisten wie es scheint, aus eigenem Wissen gemachte Zusätze, über die Ausdehnung des westgothischen Gebiets in Gallien und durch den zweiten, der dem Bischof Rhodianus richtig den Bischofssitz Toulouse anwies, wird das bestätigt. Auch in den Auszügen aus den uns bekannten Werken berücksichtigt der Chronist mehr Südgallien als Spanien, obgleich ihm für letzteres Idatius und früher schon Orosius reichen Stoff boten. Am meisten geneigt muss man sein, den Chronisten nach Arles selbst zu setzen. Er benutzte dort abgefasste Annalen, das konnte wol auch an jedem andern Ort geschehen, aber während er sonst aus seinen zahlreichen Quellen nur äusserst wenig excerpirt, sich der äussersten Kürze befleissigt, hat er hier mehrere auf Arles bezügliche Lokalnachrichten aufgenommen. Es muss jedoch erwähnt werden, dass er einige Nachrichten über Bischöfe von Arles, welche seine Quellen lieferten, nicht mit aufgenommen hat. Er entlehnt aus Hieron. die Notiz (p. 449): „Hilarius episcopus Pictaviae exiliatur Phrygiam" und lässt die Worte fort, welche die Quelle hinzufügt[3]) „factione Saturnini *Arelatensis episcopi* reliquorumque qui cum eo erant Arianorum". Die Notiz des Chron. imp.[4]): „Patroclus *Arelatensis episcopus* infami mercatu sacerdotia venditare ausus" lässt er ebenfalls weg. Beide Nachrichten sind indessen für die Bischöfe von Arles so wenig rühmlich, dass es zum mindesten ebenso viel für, als gegen die Abkunft des Chronisten aus Arles spricht, wenn er sie übergeht. Er lässt aber auch die Worte des Chron. imp. fort[5]): Eucherius Lugdunensis episcopus et *Hilarius Arelatensis* egregiam vitam morte consummant. So spricht wol manches dafür, anderes aber dagegen, dass die Chronik in Arles abgefasst ist. Eini-

---

1) Brinckmeier, Chronologie S. 40; Heller l. c. S. 14 f.
2) Aem. Hübner, inscriptt. Hisp. christ. Nr. 176 p. 56.
3) Hier. ad a. Abr. 2373: Ronc. I. 505/6.
4) Ronc. I, 747|8.
5) Ronc. I, 755|56. Prosper meldet zum Jahr 426 (Ronc. I, 653/4) die Ermordung des Bischofs Patroclus v. Arles: wenn unser Chronist das Werk Prosper's überhaupt benutzte, so hat er ihm doch so wenig entnommen, dass eine Uebergehung dieser Nachricht nicht in's Gewicht fallen kann.

ges könnte auch geltend gemacht werden, was auf Toulouse als Abfassungsort zu deuten scheint, indess all das ist nicht entscheidend. — Wir müssen uns mit dem Ergebniss begnügen, dass unser Chronist in Südfrankreich geschrieben hat. — Er war guter Katholik und da er nicht das geringste besondere Interesse[1]) für einen germanischen Stamm zeigt, offenbar romanischer Abkunft. Zu welcher Zeit er aber lebte, ist ganz unklar. Die ihm zweifellos zugehörige Notiz. am Schluss „Ab hoc consule qui vult per indictiones computet vel per eram" besagt, dass er die Chronik nicht bis auf seine Zeit fortsetzte, es liegt darin schon involvirt, dass er beträchtlich später lebte. Da er — wie es doch kaum zweifelhaft sein kann — Marius' Chronicon benutzte, welches bis 580 reicht, so kann er nicht vor dem Ende des sechsten Jahrhunderts geschrieben haben. Kommen wir aber einmal in so späte Zeit mit ihm herunter, so sehe ich keinen Grund, ihm die[2]) Schlussnotiz abzusprechen, welche, wenn sie dem Chronisten angehört, die Abfassung in das Jahr 733 setzt. Wenn Jemand eine Chronik schreibt und bricht vor seiner Zeit ab, so ist es ganz allgemeine Regel, dass er die Jahre bis auf seine Zeit consummirt. Ferner die Consummation nach Jahren der Welt am Schluss ist nach der Rechnung des Hieron. gemacht, dessen Chronik unser Autor benutzt und dessen Zählung er folgt. Die Sprache der Chronik ist schwer zu beurteilen, einmal wegen Verderbniss der einzigen zu Grunde liegenden Handschrift, zweitens, weil alles fast wörtlich aus älteren Quellen abgeschrieben ist, doch kann sie gewiss ebenso gut aus dem achten, als aus dem sechsten Jahrhundert sein. Der Gebrauch der Aera drang erst spät in Gallien ein, auch das ist ein Grund, die Abfassung der Chronik möglichst spät hinunterzurücken. Kurz ich halte durchaus dafür, dass jene Notiz von dem Chronisten selbst herrühre, dass er sein Werkchen also im Jahre 733 geschrieben hat. Auch folgendes lässt sich dafür anführen: Schreiber pflegen dergleichen Notizen doch nur am Schluss einer Chronik zu machen, die unserige endigt aber garnicht dort, wo

---

1) Am meisten sind die Westgothen in der Chronik berücksichtigt, sie giebt deren Königsreihe von Alarich I bis auf Alarich II vollständig, die Franken werden nur einige mal als Gegner der Westgothen erwähnt. Hauptsächlich haben das jedenfalls die Quellen veranlasst, die viel von den Westgothen sprechen, der Franken selten gedenken, es entsteht indess daraus doch ein Bedenken, die Abfassung der Chronik nach Arles zu setzen, das nur kurze Zeit, von 477—510 in westgothischem Besitz war.

2) Ab Era usque in nostris temporibus in quo est Era DCCLXXI creverunt anni CCXXIIII. Fiunt ab initio anni VDCCCCXXXI.

die Notiz steht, sondern das darauf folgende Stück gehört wie wir sahen, ebenfalls unserem Chronisten an und am Schlusse desselben findet sich nun eine Schreibernotiz: „Hucusque Severus, qui et Sulpitius". Dass der Verfasser wirklich diesen Namen geführt habe, ist wenig glaublich, da keine Ueberschrift in dem Codex es bestätigt. Florez [1]) und [2]) Basnage haben mehrere Männer dieses Namens nachgewiesen, doch hat man durchaus keinen Grund, einem von diesen die Chronik zuzuschreiben. Es ist vielmehr wahrscheinlich, dass ein Schreiber den bekannten Kirchenschriftsteller Sulpitius Severus aus dem Anfange des fünften Jahrhunderts, der wie er wusste, ein [3]) Chronicon geschrieben hatte und der ja auch in Südgallien lebte, für den Verfasser des vorliegenden Werkchens hielt. — Florez' Vermutung, (p. 431) der bekannte Sulpicius Severus habe unsere Chronik bis auf Theodosius den Grossen verfasst, ein Autor des sechsten Jahrhunderts habe eine Fortsetzung hinzugefügt, ist natürlich zu verwerfen. —

Da wir nicht den Verfasser, wol aber das Abfassungsjahr der Chronik kennen, so habe ich sie nach dem letzteren bezeichnet, namentlich den untergeschobenen Namen des Verfassers nicht beibehalten, um der Verwechselung mit dem Chronicon des echten Sulpicius Severus vorzubeugen.

Da unsere Chronik bis jetzt nur an einem nicht Jedem zugänglichen Orte gedruckt ist, habe ich den zweiten Teil derselben von 379 an abdrucken lassen und die Quelle jeder Nachricht beigefügt. Durch den Druck hervorgehoben ist alles, was der Chronist aus den ravennatischen oder arelatensischen Annalen entlehnt hat und was sonst etwa sich aus seinen bekannten Quellen nicht erklären lässt.

---

1) Esp. sagr. IV, 430.
2) Canis. ant lect. I, 633.
3) Der ursprüngliche Titel der jetzt sogenannten „Historia sacra" war wol „Chronica" s. Teuffel, Röm. L-G. § 435 S. 1011. Das Werk war übrigens im Mittelalter ausserordentlich wenig bekannt, es ist nur in einer Handschrift erhalten.

II. Annalen von Arles.

Die historiographische Tätigkeit im römischen Westreich beschränkt sich während des Auflösungsprocesses, namentlich in der zweiten Hälfte des fünften Jahrhunderts auf höchst magere Annalistik ¹). — Aus den geringen Ueberresten, welche auf uns gekommen sind, lässt sich doch erkennen, dass annalistische Aufzeichnungen an verschiedenen Orten des Reichs fortvegetirten. Je weniger aber geschrieben wurde, desto mehr Verbreitung fand auch das Geringste. Auf dieser Annalistik beruht im wesentlichen — wenn man von der nicht eigentlich historiographischen Literatur, als namentlich Briefen, Panegyriken u. s. w. absieht — unsere ganze Kenntniss dieser Epoche ²) Sie ist nachher in die erzählenden Werke des Jordanis, Gregor v. Tours, Isidor v. Sevilla, Paulus Diaconus, denen andere Quellen eben nicht zu Gebote standen, übergegangen, zum Teil ist sie uns nur aus diesen Werken bekannt. Daraus erhellt schon wie notwendig es ist, diese Annalenreste zu sichten; da die Fragmente aber äusserst dürftig sind, so ist es in manchen Beziehungen misslich, zu bestimmten Resultaten zu kommen. Die Auffindung des geringsten Fragments kann hier schon die Ergebnisse der sorgfältigsten auf das vorhandene Quellenmaterial gestützten Untersuchung umstossen. Das darf uns aber von dem Versuch wenigstens nicht abhalten, die vorhandenen Fragmente kritisch zu sichten. Ganz resultatlos wird eine solche Untersuchung nie sein.

---

1) Nur die Literatur der Heiligenleben geht daneben her, sie nimmt im fünften Jahrhundert recht eigentlich ihren Anfang.
2) Es ist hier immer nur vom Westreich die Rede, im Ostreich liegt die Sache ja wesentlich anders.

Wir fanden in dem vorhergehenden Abschnitt Grund, anzunehmen, dass die Chroniken von 641 und 733 gemeinsam eine annalistische Quelle benutzten, in welcher die ravennatischen Fasten bis circa 455 bereits in etwas veränderter Gestalt mit gallischen Nachrichten verbunden, seit etwa 455 in Südgallien fortgesetzt waren. Wir mussten die Abfassung dieser Quelle nach Arles setzen. Wol nur die grosse, bedauerliche Lücke von 458 bis 473 in der langobardischen Chronik verhindert, dass wir die arelatensischen Annalen hier nicht in dem gleichen Umfange wiederfinden, als in der südgallischen.

Auch Gregor v. Tours hat an einigen, leider nur wenigen Stellen aus dieser Quelle geschöpft; auch bei ihm liegen zwei bis drei zweifellos den ravennatischen Annalen entnommene Notizen [1]) vor, die wiederum die nächste Verwantschaft mit der Chronik von 641 aufweisen, und ebenso einige der in derselben erhaltenen gallischen Nachrichten. In Betreff der letzteren hat Kaufmann bereits Verwantschaft zwischen Gregor und den beiden Chroniken nachzuweisen versucht [2]), sie nur irrig auf die ravennatischen Fasten zurückgeführt. In der Darstellung der Hunenkämpfe des Jahres 451 glaubte Kaufmann die Uebereinstimmung zu finden. Dreierlei verschiedene Bestandteile lassen sich wol in dem betreffenden Capitel Gregor's (II, 7) unterscheiden: Erstens die kirchliche Legende, deren Mittelpunkt der heilige Anian von Orléans ist, so dass Kaufmann mit Recht vermutet, eine alte Vita dieses Heiligen sei hier benutzt [3]). Zweitens mündliche Ueberlieferung, ihr entstammt wol die Erzählung von der Entfernung des Westgothenkönigs Thorismund nach der Schlacht, welche bei Fredegar ganz sagenhaft erweitert erscheint. Drittens endlich glaube auch ich hier die Benutzung jener gallisch-annalistischen Quelle, und zwar in dem folgenden Satze zu erkennen: Igitur Aëtius cum Gothis [Francisque] [4]) conjunctus adversus Attilanem confligit.

---

1) II, 8 am Schluss u. II, 11 vgl. meinen Aufsatz über die ravennatischen Annalen.
2) Forschungen VIII S. 120.
3) a. a. O. S. 126. Der weiteren Vermutung Kaufmann's dagegen (S. 132), dass diese Vita in Versen von Apollinaris Sidonius geschrieben sei, kann man schwerlich beistimmen. Es giebt noch eine andere bisher ungedruckte Vita S. Aniani, welche älter, als die bekannte ist, von W. Arndt in einer Pariser Handschrift des IX sec. gefunden. vgl. Dahn, Könige V p. XII.
4) Das Eingeklammerte [—] hat meines Erachtens nach nicht in der annalistischen Quelle gestanden, sondern ist selbständiger Zusatz von Gregor.

[At ille ad internecionem vastari suum cernens exercitum, fuga dilabitur.] Theodorus vero Gothorum rex huic certamini succubuit .... Verum tamen Aëtius cum Thorismodo victoriam obtinuit, hostesque delevit. Leider fehlt hier die Angabe des Schlachtorts, welche bestimmter den Ursprung der Nachricht erweisen würde. Die Angabe muss in der ursprünglichen annalistischen Quelle übereinstimmend mit den Worten der Chronik von 641 gelautet haben: „quinto milliario de Trecas loco nuncupato Mauriaco in Campania." Nun sagt Gregor kurz vor der citirten Stelle: [Attila] *Mauriacum campum* adiens se praecingit ad bellum". Die Schlacht wurde zwar in Gallien wol allgemein nach dem Orte „Mauriacus" benannt, wie die[1]) Lex Burgundionum lehrt, und namentlich giebt diese Bezeichnung auch die[2]) Vita Aniani, deren ältere Recension Gregor höchst wahrscheinlich benutzte, wenn Gregor aber auch aus der Vita und nicht aus der annalistischen Quelle den „campus Mauriacus" entnahm, so ist es doch gerade natürlich, dass er bei Uebernahme der annalistischen Notiz die Ortsangabe wegliess, wenn diese mit der oben gegebenen im wesentlichen übereinstimmte. Sonst nähert sich die Fassung der citirten Stelle bei Gregor sehr der [3]) Chronik von 733. Den meisten Grund, den gregorianischen kurzen Schlachtbericht auf die annalistische Quelle von Arles zurückzuführen, finde ich nun darin, dass der Schluss des Capitels, welcher die Ereignisse der Jahre 452—454 kurz berichtet, zweifellos derselben Quelle entnommen ist, das soll folgende Vergleichung lehren:

---

1) Tit. XVII, 1: in pugnam Mauriacensem vgl. Kaufmann a. a. O. S. 124.
2) Duchesne I, 522: in loco qui vocatur Mauriacus. Ueber „locus u. campus Mauriacus" s. Kaufmann S. 126 f.
3) Der Chronik Worte „Theudoricus a quo occisus incertum est et Laudaricus cognatus Attilae" sind so auffällig und für eine annalistische Quelle so unpassend, dass man versucht ist, eine Conjectur zu wagen. Vielleicht ist „incertum est" aus „in certamine" entstanden, welches Gregor's Worten „huic *certamini* succubuit" entspräche, doch würde das Missverständniss dann wol schon auf den Autor zurückgehen. Aehnliche Entstellungen kommen auch sonst in der Chronik vor. Unter demselben Jahr (451) sind die Worte „Eupronius episcopus Augustoduno sepelitur" verderbt für „epistola de his Eufronii Augustodunensis episcopi" bei Idatius.

Chron. a 733.	Greg. Turon. II. 7.	Chron. a. 641.
452: *Regrediens* Attila Aquilejam frangit.	Attila vero cum paucis *reversus* est, nec multo post Aquileja a Chunis capta incensa atque diruta, Italia pervagata atque *subversa* est.	Aquileja et Mediolanum et nonnullae aliae urbes ab Attilane *subversae*. *Thorismotus* rex Gothorum post mortem patris *Alanos bello perdomuit*.
453	1) *Thorismodus* de quo supra meminimus *Alanos bello edomuit*: ipse deinceps post multas lites et bella *a fratribus oppressus ac jugulatus interiit*.	
Thurismundus rex Gothorum Arelatem circumspectat, qui *a fratribus suis occisus est*.		

Dass Gregor hier eine annalistische Quelle benutzt, ist für Jeden, der diesen Autor kennt, gewiss, dann ist es aber auch sicher, dass es ebendieselbe annalistische Quelle ist, welche dem Chronisten von 641 vorlag. Dagegen würde sich die Verwantschaft zwischen Gregor und der Chronik von 733 nicht erweisen lassen, wenn wir nicht gezeigt hätten, dass sie mit der Chronik von 641 hinwiederum gleiche Quelle benutzt. Wenn Gregor sagt, Thorismund wurde getötet, „post multas lites et bella", so möchte das vielleicht darauf deuten, dass seine Quelle mehr von diesem Könige besagte, als er selbst wiedergiebt, also vielleicht das „Arelatem circumspectat" der südgallischen Chronik. Höchstens noch an einer Stelle Gregor's könnte man an Benutzung dieser annalistischen Quelle denken, nämlich bei den Worten (II, 2): 2) Vandali a loco suo digressi, cum Gunderico rege in Gallias

---

1) Auf die Uebereinstimmung an dieser Stelle zwischen Gregor und der Chronik von 641 macht Kaufmann S. 120 aufmerksam und schliesst daraus mit Recht auf Quellenverwantschaft.

2) Cont. Havn. ed. Hille p. 6: Wandali rege Gundico transito Reno totam Galliam crudeli persecutione vastant, collectis et in comitatu Alanis gentem moribus et ferocitate equalem Arcadio et Probo pridie kl. Januarii. Das ist eine Marginalnote zu Prosper und eine Erweiterung von dessen Worten: Arcadio VI et Probo coss: Vandali et Alani Gallias trajecto Rheno, pridie kal. Januarias ingressi. Die Quelle, aus welcher der Chronist den Prosper erweiterte, nannte wahrscheinlich auch die Sueven als Teilnehmer an diesem Einfall, und brachte zum Jahre 409 die Notiz, dass die 3 Völker nach Spanien gezogen wären. Aus „Suevi et Alani" mag Gregor missverständlich sein „Suevi id est Alamanni" gemacht haben. Die Verwechselung zwischen Alamannen und Alanen ist in den Quellen jener Zeit häufig und bei Gregor noch an einer anderen Stelle wahrscheinlich (II, 19), der die Alanen nicht mehr kannte, wol aber wusste, dass Sueven noch zu seiner Zeit in Gallåcien sassen.

ruunt. Quibus valde vastatis Hispanias appetunt. Hos secuti Suevi, id est Alamanni, Galliciam adprehendunt. Die Worte bilden die Einleitung zu dem sagenhaften Bericht über den Kampf zwischen Vandalen und Sueven in Spanien, wobei denn alles, was über die Vandalen gesagt wird, durchaus unrichtig ist, während die Angaben der citirten Stelle der historischen Wahrheit entsprechen. — Weitere Benutzung der annalistischen Quelle von Arles lässt sich bei Gregor nicht nachweisen. —

Auch Fredegar, meint [1] Kaufmann, hat für die Darstellung der Hunenkämpfe des Jahres 451 jene annalistische Quelle benutzt, welche er irrtümlich mit den ravennatischen Fasten identificirte. Das betreffende [2] Capitel Fredegar's ist, ganz im Gegensatz zu seiner sonstigen Arbeitsweise, aus verschiedenen Quellen compilirt, nämlich aus Idatius und Gregor v. Tours, mit deren Nachrichten sagenhafte, mündliche Ueberlieferung verbunden ist. Aber es bleibt dabei ein Satz übrig, der noch eine andere schriftliche Vorlage voraussetzt, nämlich die Worte: Huni repedantes (sc. von Orléans) Trecassis in Mauriacensi consederunt Campania. Thorsimodus filius Theodori, qui ei successit in regnum, collecto Gothorum exercitu, patrem ulcisci desiderans, cum Attila et Hunis Mauriaco confligit certamine, ibique tres dies utraeque phalanges invicem praeliantes: et innumerabilis multitudo gentis occubuit. Es ist die Ortsbestimmung „Trecassis in Mauriacensi Campania", welche an eine Benutzung der annalistischen Quelle denken lässt, während hier sonst manches ihrem Bericht widerspricht. Fredegar lässt — indem er Gregor teils folgt, teils missversteht — bei Orléans eine grosse Schlacht geschlagen werden, in welcher schon Theoderich fällt, in der Schlacht bei Troyes kämpft dann Thorismund allein, Aëtius wird dabei garnicht erwähnt, drei Tage währt hier die Schlacht, eine Angabe, welche durch die übrigen Quellen, namentlich Jordanis, nicht bestätigt wird. Also Fredegar's Bericht enthält mehrere Unrichtigkeiten, die sich aber zum Teil durch die Compilation mehrerer Quellen erklären lassen, es ist deshalb wol auch möglich, dass er die annalistische Quelle benutzt, nur hat er dann nicht den ganzen Passus aus ihr entlehnt, sondern ihre Angabe mit denen seiner übrigen Quellen compilirt. Die ganze Stelle der anna-

---

1) a. a. O. S. 120.
2) l. III, 5 in Canis. ant. lect. ed. Basnage II, 186.

listischen Quelle zuzuschreiben, verbietet schon deren Form[1]). Sonst hat Fredegar die Annalen von Arles nicht benutzt, es wird darum sehr zweifelhaft, ob sie ihm überhaupt vorlagen. Mehr Grund haben wir wol, die Benutzung der arelatensischen Annalen für Jordanis' Gothengeschichte anzunehmen. Wir gehen bei der Untersuchung wieder von der Darstellung des Huneneinfalls im Jahre 451 aus. Kaufmann sagt darüber: „Zwischen den betreffenden Abschnitten des Gregor v. Tours und Jordanis erkennt schon eine oberflächliche Vergleichung den nahen Zusammenhang". Die Aeusserung behauptet mehr, als sich irgend beweisen liesse. Jede nur einigermassen eingehende Vergleichung muss zunächst zu dem Ergebniss führen, dass zwischen den beiden Darstellungen kein Zusammenhang besteht. Wie sollte er auch vermittelt sein? Jordanis' Quellen für jene Ereignisse sind Priscus und nebenbei Prospers Chronicon, Gregor's Hauptquelle ist eine Vita Aniani, nur die kurze Notiz der Annalen von Arles könnte beiden gemeinsam sein. Aber auf deren Benutzung deutet bei Jordanis nichts[2]), als höchstens die Erwähnung der Ortsbezeichnung „Mauriacus" in den Worten (cap. 36): „Convenitur itaque in campis Catalaunicis, qui et Mauriaci nominantur." Da aber, wie oben schon bemerkt wurde, in Gallien wenigstens die Schlacht allgemein nach dem „locus Mauriacus" bezeichnet wurde, so hat das Vorkommen des Namens bei Jordanis, namentlich in dieser Verbindung, durchaus keine Beweiskraft. Italische und spanische Autoren, welche von dem Schauplatz der Hunenkämpfe weiter entfernt waren, setzen die Schlacht in die „campi Catalaunici" d. h. sie geben eine[3]) allgemeinere

---

1) Kaufmann S. 123 n. 1 sagt: „Dass Fredegar hier die Fasten ausschreibt, lehrt die ganze Fassung seiner Worte", ich meine, dass die Consularannalen jener Zeit niemals eine Nachricht in der Form bringen, wie sie Fred. hat. Die Fassung der ursprünglichen Quelle denke ich mir auf Gregor und die beiden Chroniken gestützt etwa so: Aëtius patricius cum Theodorico rege Gothorum contra Attilam regem Hunnorum pugnat quinto milliario de Trecas loco nuncupato Mauriaco in Campania. Et occisus est in certamine Theodoricus rex et Laudaricus cognatus Attilae. [Et pugnavit Aëtius patricius cum Thorismodo, et innumerabilis gentis multitudo occubuit [?].

2) Sowol Jordanis als Gregor erzählen, dass Aëtius nach der Schlacht Thorismund bewogen habe, das Schlachtfeld zu verlassen und sich in Toulouse der Herrschaft zu versichern. Es ist indess kein Grund vorhanden, Beider Bericht auf gemeinsame Quelle zurückzuführen, wie Kaufmann es tut. Die annalistische Quelle brachte die Nachricht gewiss nicht: kurze, nüchterne Consularannalen, wie es die areletensischen gewesen sein müssen, melden dergleichen Dinge nie.

3) vgl. Kaufmann a. a. O. S. 124.

Ortsbezeichnung, so Cassiodor und die Spanier Idatius und Maximus v. Zaragoza, so auch Jordanis. Die annalistische Quelle nannte die Campi Catalaunici nicht. — Auf die Darstellung des Huneneinfalls in Gallien folgen bei Jordanis die weiteren Schicksale Attila's und der Hunen. Zunächst erzählt er deren Einfall in Italien, dann folgt aber in Cap. 43 ein Bericht folgenden Inhalts: Nach seiner Rückkehr aus Italien unternahm Attila von neuem einen Zug nach Gallien, um sich an den Westgothen zu rächen. Zunächst gedachte er die an der Loire angesiedelten Alanen anzugreifen, wurde jedoch von Thorismund, der schnell herbeikam, geschlagen und zum Rückzuge gezwungen. Kaufmann[1]) weist schlagend nach, dass diese ganze Erzählung auf einem Missverständniss beruht. Die Nachricht unserer annalistischen Quelle „Thorismotus rex Gothorum Alanos bello perdomuit", welche in die Chronik von 641 und Gregor v. Tours II, 7 übergegangen ist, giebt das historische Factum an, welches bei Jordanis zu einem Zuge Attila's gegen Westgothen und Alanen aufgebauscht ist. Auch darin stimme ich Kaufmann zu, dass gerade die angeführte annalistische Notiz den Anlass zu dem Missverständniss gegeben hat. Der ganze Bericht bei Jordanis hat keine bestimmten, greifbaren Details, in möglichst vagen Ausdrücken bewegt sich der Autor, so dass man recht sieht, es fehlt ihm hier die ausführliche Quelle, der er für die Kämpfe des Jahres 451 so viele Einzelheiten entnehmen konnte. Auf anderen Wegen, als auf dem ersten Zuge, kehrt Attila nach Gallien zurük, welche Wege das waren, weiss der Autor nicht. Der Alanenkönig, dem der erste Angriff galt, wird nicht genannt. Die ganze Farblosigkeit der Erzählung zeigt namentlich der Satz: Thorismund . . . supervenientis iam Attilae motibus praeparatus occurrit, consertoque proelio paene simili eum tenore, ut prius in campis Catalaunicis, a spe removit victoriae etc." Wo die Schlacht geschlagen wurde, weiss der Autor nicht, ebensowenig kennt er den Verlauf der Schlacht, also sagt er, es ging fast so her, wie in der Schlacht auf den catalaunischen Feldern. Man sieht, der Autor giebt nur Worte statt der Facta. Das wenige, was auf eine detaillirtere Quelle deuten könnte, hat er seinem eigenen Bericht über den Einfall des Jahres 451 entnehmen können, so namentlich die Bemerkung, dass die Alanen an der Loire sassen[2]). — Wie war es aber möglich,

---

1) a. a. O. S. 121.
2) (Attila) Alanorum partem trans flumen Ligeris considentem statuit suae redigere ditioni cf. cap. 37: Sangibanus . . . rex Alanorum . . . Attilae se tradere pollicetur, et Aurelianam, civitatem Galliae, *ubi tunc consistebat*, in eius iura transducere.

die kurze annalistische Notiz, deren Sinn doch nicht zweifelhaft sein konnte, in dieser Weise zu entstellen? Die Annalen hatten zum Jahr 451 eine Nachricht über Attila's Einfall in Gallien, zum Jahr 452 über desselben Einfall in Italien, es folgt dann zum Jahr 453 die kurze Notiz über den Kampf zwischen Gothen und Alanen, ein flüchtiger Autor konnte durch die vorhergehenden Nachrichten wol verleitet werden zu glauben, dass Attila wiederum dabei beteiligt gewesen wäre, namentlich wenn er einer anderen ausführlicheren Quelle folgend früher selbst erzählt hatte, dass Gothen und Alanen verbunden gegen die Hunen gefochten hätten. — Es ist mir nun aber unmöglich zu glauben, dass Jordanis erst diese Verwirrung angerichtet haben soll, wie Kaufmann annimmt. Er der ungewante Autor, der selbständig keinen kurzen Satz schreibt, sich stets ängstlich an die Worte eines Vorgängers hält, kann niemals eine so kurze Notiz zu einer so wortreichen Darstellung aufgebläht haben. Wir kennen ja seine dürftige Compilationsweise, wissen gerade, wie er mit annalistischen Quellen verfährt: Die der Chronik Marcellin's entnommenen Notizen stellt er kaum verbunden, meist ganz unverändert neben einander. Nun ist sein 43. Capitel durchaus in cassiodorischem Style geschrieben [1]), der Eingang desselben ist aus Priscus [2]) genommen, den Cassiodor, aber gewiss Jordanis nicht, benutzte [3]) — daher habe ich die Ueberzeugung, dass der ganze irrtümliche Bericht schon von Cassiodor herrührt, dass Jordanis ihn vielleicht ziemlich wörtlich abgeschrieben hat. Man darf Cassiodor einen solchen Irrtum mit vollem Recht zutrauen, seine Chronik zeigt, dass er willkürlich genug mit seinen Quellen umgeht, wo seine bekannte Tendenz in Frage kommt und das ist auch hier der Fall.

In den folgenden Capiteln 44—46 handelt Jordanis von der westgothischen Geschichte unter Theoderich II und Eurich. Auch diese Capitel sind im wesentlichen cassiodorisch [4]), Jordanis hat nur wenige Stücke aus Marcellin's Chronik und den Ravennater Annalen eingefügt, welche sich auf die gleichzeitige Geschichte Italiens beziehen, sie sind schon beim oberflächlichen Lesen als Interpolationen, wenn man so sagen darf, kenntlich. Der Hauptinhalt der Capitel,

---

1) So Schirren p. 19. Namentlich der Ausdruck „Attila in Alanos movit procinctum" ist echt cassiodorisch cf. Cass. chron. ad a. 459 (ed. Mommsen p. 654): Maiorianus in Africam movit procinctum.
2) cf. Closs in seiner Ausgabe des Jord., Note zu cap. 43.
3) cf. Schirren p. 30.
4) cf. Schirren p. 19.

der aus Cassiodor übernommen ist, bezieht sich auf westgothisch-gallische Geschichte und ist für uns von grösstem Wert. Die Quelle dieses Abschnittes kennen wir nicht. Cap. 44 behandelt die Regierungszeit Theoderichs II, namentlich ausführlich dessen Krieg gegen die Sueven. Die Chronik von 641 bringt eine Notiz über denselben Krieg, den sie ihrer gallisch-annalistischen Quelle entnommen haben muss, aber es lässt sich durchaus keine Verwantschaft zwischen ihr u. Jordanis ermitteln. Des Letzteren oder vielmehr Cassiodor's Quelle[1]) hiefür kann nicht eine kurze annalistische, sie muss ausführlicher gewesen sein. Dasselbe gilt von dem Bericht über Eurich's Regierungszeit, über dessen Kampf gegen die Britonen, über seine Eroberung der Auvergne[2]). Für diese Ereignisse sind überhaupt keine Nachrichten aus unserer annalistischen Quelle erhalten, welche wir mit Jordanis vergleichen könnten. In seinem 47. Capitel jedoch finden sich zwei Stellen, welche dennoch auf die Benutzung der Annalen von Arles deuten, es sind die beiden Notizen: „Euricus rex Vesegotharum, Romani regni vacillationem cernens, Arelatum et Massiliam propriae subdidit ditioni" und „Euricus... Arelato degens, decimo nono anno regni sui vita privatus est. Huic successit proprius filius Euricus". Beide Stellen giebt am vollständigsten nach der ursprünglichen Quelle die Chronik von 733 wieder, sie nennt aber noch den Erhebungsort Alarich's II Toulouse, der bei Jordanis sich nicht findet. — Auch dieses Capitel des Jordanis ist cassiodorisch[3]), wir kommen danach zu dem Schluss: Es ist wahrscheinlich, dass Cassiodor die Annalen von Arles benutzt, es lässt sich das nicht strict beweisen, da im Auszuge des Jordanis manche denselben entnommene Nachricht übergangen sein mag. Jordanis selbst hat die Annalen nicht gekannt, wie sich denn auch in seiner Weltchronik keine Spur von deren Benutzung findet. Mit dem Tode Eurich's schliesst in seiner Getica die Darstellung der westgothischen Geschichte, es war somit keine Gelegenheit, die Annalen von Arles noch fernerhin zu benutzen. — Bei Jordanis sowohl, als in den Chroniken von 641 und 733 finden wir eine Notiz über die Eroberung von Arles und Marseille durch Eurich. Es ist viel darüber ge-

---

1) Binding I, 54 n. 219 behauptet mit Unrecht, Jordanis benutze hier Idatius. Er wird keinen anderen Grund dafür anführen können, als dass beide über dieselben Dinge reden.
2) cap. 45. Binding I, 90 n. 361 vermutet, Jordanis benutze hier Apollinaris Sidonius' Briefe. Dafür wird er garkeinen Grund anführen können.
3) So Schirren p. 19.

stritten worden, in welche Zeit dieses Ereigniss zu setzen ist. Man hat geschwankt zwischen den Jahren 470 bis 481[1]), namentlich hat[2]) Binding neuerdings die Ansicht aufgestellt, dass Eurich schon im Jahre 471 Arles und Marseille erobert, im Frieden von 475 mit Kaiser Nepos erstere Stadt zurückgegeben hat. —

Binding hat seine Meinung nur aufstellen können, weil er die Chronik von 733 garnicht gekannt, die betreffende Stelle der Chronik von 641 übersehen hat. Erstere setzt die Eroberung der Städte in das Jahr 477, letztere in 476. Dieselbe Nachricht findet sich auch bei Maximus v. Zaragoza in den Marginalnoten zu Victor v. Tunnuna und zwar zum Jahre 471. Dieser Autorität folgte man, wenn man die Einnahme der beiden Städte so früh ansetzte. In Bezug auf Chronologie haben aber die Randbemerkungen zum Victor so viel wie garkeine Autorität, nur sehr wenige Noten sind dem genau richtigen Jahr beigeschrieben. Wenn auch der westgothische Schreiber, welcher zunächst den Victor aus Maximus ergänzte, die Nachrichten im Ganzen zu den richtigen Jahren beigeschrieben hätte, so ist es doch natürlich, dass bei Abschriften solche auf dem Rande der Handschrift beigefügten Noten öfter verschoben werden mussten. Den beiden Chroniken gegenüber kann also die Randnote zu Victor in chronologischer Beziehung nichts beweisen. Ihre Angabe wird durch Jordanis betätigt: Er berichtet die Occupation von Arles und Marseille später, als die Eroberung der Auvergne, welche durch den Frieden von 475 in Eurich's Hände überging, schiebt danach auch noch erst einen kurzen Bericht über die gleichzeitigen italischen Ereignisse bis zur Erhebung Odovachar's ein. Dass Odovachar nun erst die beiden Städte an Eurich abgetreten hat, geht aus einer Stelle[3]) Procop's hervor, das kann also frühestens[4]) Ende des Jahres 476 geschehen sein. Jordanis sagt, Eurich sei

---

1) z. B. in das Jahr 470 setzen die Einnahme der beiden Städte: Dubos II, 180 f., Mascou l. X, 26. Letzterer mit der Modification, dass beide Städte im Frieden von 475 an den Kaiser zurückgegeben wären; in das Jahr 480: Fauriel I, 344; Gaupp, Ansiedlungen S. 381; in 481: Aschbach, G. d. Westgothen S. 155; Dahn, Könige V, 38; richtig in 476: Tillemont VI, 443; A. Jahn II, 210 ff.
2) Burgundisch-romanisches Königreich I, S. 79 u. 91 n. 362.
3) Proc. bell. Goth. I, 12 (Corp. Byzant. Bonn. II, 64): Ἕως μὲν οὖν πολιτεία Ῥωμαίοις ἡ αὐτὴ ἔμενε, Γαλλίας τὰς ἐντὸς Ῥοδανοῦ ποταμοῦ βασιλεὺς εἶχεν· ἐπεὶ δὲ αὐτὴν Ὀδόακρος ἐς τυραννίδα μετέβαλε, τότε δή, τοῦ τυράννου σφίσιν ἐνδιδόντος, ξύμπασαν Γαλλίαν Οὐισίγοτθοι ἔσχον μέχρις Ἄλπεων, αἳ τὰ Γάλλων τε ὅρια καὶ Λιγούρων διορίζουσι.
4) Odovachar wurde nach An. Cusp. am 23. August 476 erhoben.

zu diesem neuen Angriff auf römisches Gebiet durch Genserich veranlasst worden, da dieser bereits am[1]) 25. Januar 477 starb, so sollte man glauben, dass die Städte noch im Jahre 476 erobert seien. Indess die Bemerkung des Jordanis besagt mehr allgemein[2]), dass Eurich überhaupt zu seinen Kämpfen gegen den Kaiser durch Genserich veranlasst worden sei und passt am allerwenigsten auf die Einnahme der beiden Städte, welche Odovachar an die Gothen abtrat. — Die Einnahme fällt also Ende 476 oder in das Jahr 477, welche der beiden Chroniken Recht hat, lässt sich nicht entscheiden[3]). — Auch Isidor endlich, welcher jene Nachricht ebenfalls bringt, stimmt damit überein. Er lässt die Eroberung der beiden Städte auf die Unterwerfung der spanischen Provincia Tarraconensis durch die Gothen folgen. Man kannte für letzteres Ereigniss bisher nur die Stelle in Isidor's Gothengeschichte und hat es ohne rechten Grund fast allgemein in das Jahr 477 gesetzt[4]). Die Chronik von 733 meldet es ausführlicher als Isidor zum Jahr 473 und diese Angabe ist ohne Zweifel richtig. —

Diese Abschweifung führt uns somit auf Isidor und sein Verhältniss zur Chronik von 733 zurück. Wir fanden oben zwischen beiden enge Verwantschaft, welche durch Benutzung einer gemeinsamen Quelle erklärt werden musste, wir liessen es dabei im Zweifel, welche Quelle das sei. Hauptquelle für die Chronik von 733 nach 455 sind Annalen von Arles, Hauptquelle für Isidor nach Aufhören des Idatius ist die Chronik des Maximus v. Zaragoza, die Verwantschaft würde also zu erklären sein, dadurch entweder, dass der Chronist von 733 den Maximus, oder Isidor die Annalen von Arles benutzte. — Wir besitzen Reste der Chronik des Maximus, wie Hertzberg nachgewiesen hat, in den durch einige Handschriften erhaltenen Marginalnoten zu Victor v. Tunnuna. Es ist dann aber wichtig zu wissen, wie viel uns durch diese Randbemerkungen von dem ursprünglichen Werke erhalten

---

1) Ruinart ad Vict. Vit. pers. Vand. VII, 1; Mascou X, 35; Papencordt S. 107.

2) Jord. get. c. 47: Gizericus etenim, Vandalorum rex, suis cum muneribus ad ista committenda illexit, quatenus ipse *Leonis vel Zenonis* insidias, quas contra eum direxerant, praecaveret. Eine Stelle recht im Sinne Cassiodors: Erst durch Machinationen des Vandalenkönigs werden die Gothen zum Kampfe gegen die geliebten Römer verlockt.

3) Die Stellen, welche Binding aus Apoll. Sidonius und Ennodius beibringt, beweisen nichts für seine Ansicht, zum Teil zeugen sie gegen dieselbe.

4) So Fauriel I, 343; Aschbach S. 155; Dahn V, 97 u. a. Dagegen Tillemont VI, 443 richtig vor 476.

ist und wie diese sich in der Form zu ihrer Quelle verhalten.
Zur Beantwortung beider Fragen finden wir nur bei Isidor
einigen Anhalt, der in seiner Schrift „de scriptoribus ecclesiasticis" (cap. 33) sagt: „Maximus Caesaraugustanae civitatis
episcopus multa versu prosaque componere dicitur. Scripsit
et brevi stylo historiolam de iis quae temporibus Gothorum in
Hispaniis acta sunt historico et composito sermone." Unter
einer „historiola" brauchen wir uns aber keineswegs eine
zusamenhängende Erzählung vorzustellen, sondern können
an ein annalistisch geordnetes Werk denken, denn Isidor
nennt auch die Chroniken des [1]) Victor v. Tunnuna und
des Joannes v. Biclaro „historiam", von dem Letzteren sagt
er auch gerade wie von Maximus, er hätte sein Werk „historico compositoque sermone" geschrieben. Wenn er für das
Werk des Maximus das Diminutiv „historiolam" gebraucht
und bemerkt, es wäre [2]) „brevi stylo" verfasst, so wird man
daraus schliessen müssen, es sei dem Inhalt nach kürzer, in
der Form knapper gewesen, als die Chroniken des Victor
und Joannes, also etwa der Chronik des Marius v. Avenches
ähnlich. Schwerlich rechnete aber Maximus wie Letztere
nach Consulatsjahren, denn das ist für einen Spanier, der
um 600 lebte, schon an und für sich unwahrscheinlich, Isidor bemerkt bei Victor auch ausdrücklich, dass er „per consules annuos" rechnete, nicht so bei Maximus. Dieser zählte
wol nach Regierungsjahren der Kaiser und westgothischen
Könige wie Joannes v. Biclaro, oder nach der Aera wie Isidor.
Die Marginalnoten zu Victor werden zwar häufig durch die
Formel „His consulibus" eingeleitet, das erklärt sich aber
eben dadurch, dass Victor nach Consulatsjahren rechnete,
und ebenso häufig steht dafür [3]) „His diebus" oder eine ähnliche Formel. Alle diese Ausdrücke gehören jedenfalls erst
dem Glossator an, der mit ihnen seine Randnoten dem Texte
des Victor anfügt, dennoch aber bleibt es gewiss, das Maximus' Werk annalistisch geordnet war. — Die erste Notiz,

---

1) De scriptt. eccl. cap. 25: Victor Tunonensis ecclesiae Africanae
episcopus a principio mundi usque ad primum Justini iunioris imperii
annum, *brevem per consules annuos* bellicarum ecclesiasticarumque rerum
nobilissimam *historiam* promulgavit. cap. 31: Joannes .... in libro
chronicorum ab anno primo Justini iunioris principatus usque in annum
octavum Mauricii principis Romanorum et quarto Reccaredi regis anno,
historico compositoque sermone valde utilem *historiam* et multa alia scripsisse dicitur, quod ad nostram notitiam non pervenit.
2) Freilich sagt Isid. l. c. cap. 13 auch von der Vita Severini des
Abts Eugyppius, sie wäre „brevi stylo" geschrieben.
3) „His consulibus" steht 10 mal, „His diebus" 8 mal, je einmal
„Hoc anno" und „His temporibus".

welche wir von demselben besitzen, bezieht sich auf die Hunenschlacht des Jahres 451, die letzte lautet „Agila Gothos regit ann. V mens. VI." Agila regierte von 549 bis 554. Nach dem unbestimmten Ausdrucke Isidor's lässt sich nicht sagen, wo Maximus seine Chronik begann und wo er sie schloss. Anzunehmen wäre danach, dass er sie bei dem ersten Erscheinen der Gothen in Spanien um 415 begann und bis auf seine Zeit circa 600 führte. Wir hätten sonach Anfang und Schluss der Chronik gänzlich verloren. Die erste Spur von Benutzung derselben findet sich bei Isidor indess auch erst in dem Bericht über die Hunenschlacht des Jahres 451. Auch lässt sich nicht ermessen, ob bei Isidor Maximus über das Jahr 554 hinaus benutzt ist, da von 566 schon Joannes v. Biclaro als Hauptquelle eintritt. —

Die Noten zum Victor finden sich zum beiweitem grössten Teile bei Isidor wieder. Uebergangen hat er einige Localnachrichten von Zaragoza, nebst mehreren namentlich auf die Regierung Alarich's II bezüglichen Notizen. Isidor bringt auch nur wenig mehr, als die Notizen enthalten und daraus darf man schliessen, dass uns Maximus in ihnen ziemlich vollständig erhalten ist. Das Mehr, welches Isidor hat, findet sich nun mit ganz geringen Ausnahmen in der Chronik von 733. Einige Nachrichten haben alle drei Quellen gemeinsam und es zeigt sich bei deren Vergleichung, dass in Isidor meist vereinigt ist, was die beiden andern geben. Es sind das folgende Stellen:

Maximus.	[1]) Isidor hist. Goth.	Chron. a. 733.
His conss. Arelatum et Massilia a Gothis occupata sunt.	[Euricus] In Gallias autem regressus Arelatem et Massiliam urbes capit, suoque regno utramque subiecit.	Arelato capta est ab Eorico cum Massilia et ceteris castellis.
His diebus Euricus rex moritur et Alaricus filius eius pro eo rex *efficitur. Regnat an.* XXIII.	Obiit *Arelate* Euricus morte propria functus. — Eurico mortuo Alaricus filius eius *apud Tolosensem urbem* princeps Gothorum *efficitur* eosque *rexit annis* XXIII,	Mortuus est Eoricus *Arelate* et ordinatur filius suus Alaricus *Tolosa*.

---

1) Kürzerer Text bei Isid. opp. ed. du Breul p. 400. Der längere Text „bellando obtinuit" für „capit".

In der zweiten Notiz hat es vollkommen den Anschein, dass Isidor die beiden anderen Quellen compilirt hat, das tritt noch schärfer hervor in seinem Bericht über den Krieg zwischen Westgothen und Franken und die folgenden Ereignisse:

Maximus.	[1]) Isid. hist. Goth.	Chron a. 733.
His diebus pugna Gothorum et Francorum Boglodoreta. Alaricus rex in praelio *a Francis* interfectus est. *Regnum Tolosanum destructum est.*	[2])[Alaricus] tandem provocatus a Francis in regione Pictavensis urbis praelio inito, extinguitur; eoque interfecto *regnum Tolosanum* occupantibus Francis *destruitur*. Geselicus superioris regis ex concubina filius, Narbonae princeps efficitur, et regnavit annis quatuor.	Occisus Alaricus rex Gothorum *a Francis*.
. . . .		
	Denique dum *eadem civitas a Gundebaldo Burgundionum rege direpta* fuisset, iste cum multo sui dedecore . . et *cum magna suorum clade* apud Barcinonam se contulit. Ibi moratus quo usque regni fascibus a Theudorico *fugae* ignominia privaretur. Inde *profectus ad Africam*, Wandalorum suffragium pos-	Tolosa a Francis et Burgundionibus incensa et [3]) *Narbona a Gundefade Burgundionum (rege) capta*, et Geselerycus rex *cum maxima suorum clade* ad Ispanias regressus est.
His. coss. Gesalecus Goericum Barcinone in palatio interfecit. Quo anno idem Gesalecus ab Helbane Theodorici Italiae regis duce ab Hispania		

1) ed. du Breul p. 400.
2) Hiefür hat Text II (bei Labbe, bibl. I, 66). Adversus quem (sc. Alaricum) Hluduicus Francorum princeps Galliae regnum affectans, Burgundionibus sibi auxiliantibus, bellum movit, fusisque Gothorum copiis, ipsum postremum regem apud Pictavos superatum interfecit. Theudericus autem Italiae rex, dum interitum generi sui comperisset, confestim ab Italia proficiscitur, Francos proterit, partem regni, quam manus hostium occupaverat, recepit, Gothorumque iuri restituit.
3) So ist für „Barcinona" zu lesen.

fugatus Africam petiit. Comes vero Veilici Barcinone occiditur. His. coss. Gesalecus *de Africa rediens ob metum* Helbanis *Aquitaniam petiit, ibique latuit annum unum.*	cit, quo in regnum posset restitui. Qui dum non impetrasset auxilium mox *de Africa rediens,* ob metum Theudorici regis Aquitaniam *petiit. Ibi anno uno delitescens* Hispaniam reversus ab Ebbane Theudorici regis duce duodecimo a Barcinona urbe milliario commisso praelio superatus in fugam vertitur, captusque trans fluvium Druentium Galliarum occiditur.

Man wird auf Grund dieser Vergleichung zunächst nicht anstehen, zu erklären, dass Isidor die beiden Quellen compilirt, welche durch die Noten zum Victor und die Chronik von 733 fragmentarisch uns erhalten sind. Die eckigen annalistischen Nachrichten sind bei ihm zu mehr gerundeter Darstellung abgeschliffen. Zum Zweck glatter Erzählung sind da mehrere Facta weggelassen, welche nach Isidor's Methode in Form von Participialconstructionen hätten eingeschoben werden müssen und den Fluss der Darstellung gehemmt hätten. Man sieht dabei recht, wie der Autor einzig nach einer gefälligen äusseren Form strebt, durch Worte die Verbindung zwischen den unvermittelt neben einander stehenden annalistischen Notizen herzustellen weiss. Es ist ein Act höherer Compilationsmethode, wenn er für „Geselerycus rex ... ad *Ispanias* regressus est" der Chronik von 733 sagt „apud Barcinonam se contulit", indem er die genauere Ortsbezeichnung den Worten des Maximus „Gesalecus Goericum *Barcinona* in palatio interfecit" entnahm, diese Nachricht selbst aber wegliess. — Was in dem verglichenen Abschnitt bei Isidor mit der Chronik von 733 übereinstimmt und von dieser gebracht wird, bezieht sich auf Ereignisse in Gallien, die Nachrichten aus Maximus aber beziehen sich zumeist auf spanische Ereignisse, es ist danach Grund vorhanden, die Nachrichten der Chronik auf die Annalen von Arles zurückzuführen und anzunehmen, dass Isidor diese Annalen gehabt hat. Dafür lässt sich noch folgendes anführen: Nach

Maximus findet die Entscheidungsschlacht zwischen Franken und .Westgothen bei „Boglodoreta" statt, nach Isidor in der Gegend von Poitiers. Leider nennt die Chronik den Schlachtort nicht, meldet aber überhaupt die Schlacht auch nicht, sondern nur ein Moment daraus, den Tod Alarich's, ihre Quelle dürfte aber ausführlicher gewesen sein und nannte vielleicht Poitiers. Isidor nämlich ändert in dem zweiten Text seiner Gothengeschichte den früheren Bericht über den gothisch-fränkischen Krieg vollständig um, er nennt da den Frankenkönig Hludwic, er erwähnt der Teilnahme der Burgunden am Kriege, Dinge, von denen sich bei Maximus keine Spur findet, er behält aber hier die Bezeichnung des Schlachtfeldes, im Ausdruck nur wenig verändert, bei. Wenn er dann weiter erzählt, Theodorich Italiens König habe in den Kampf zu Gunsten der Westgothen eingegriffen, die Franken besiegt, das eroberte Gebiet ihnen wieder abgenommen und den Westgothen restituirt, so steht davon nicht nur nichts bei Maximus, sondern widerspricht sogar dessen Worten „Regnum Tolosanum destructum est," welche Isidor im ersten Text nachgeschrieben, im zweiten aber consequenter Massen weggelassen hat. Es muss hier also eine zweite Quelle vorliegen, die nach Gallien zu gehören scheint, da über das Schicksal des gallisch-gothischen Gebietes berichtet wird und über einen Kampf, der auf gallischem Boden ausgefochten wurde. Gerade bei Arles wurde zuerst zwischen Ostgothen und Franken gekämpft und es ist wahrscheinlich, dass diese Stelle Isidor's auf die Annalen von Arles zurückgeht, da er bei der Redaction des zweiten Textes keine andern Quellen, als die schon für den ersten Text gebrauchten, benutzt hat[1]). — Auch die Nachricht über die Besiegung Odovachar's und seines Bruders Aonulf durch Theodorich, welche Isidor mit der Chronik gemein hat, möchte man eher in Annalen von Arles, als bei Maximus zu suchen geneigt sein, da in des Letzteren Fragmenten nur ein einziges italisches Ereigniss, nämlich Kaiser Majorian's Ermordung gemeldet wird. —

So spricht also manches dafür, dass die Verwantschaft zwischen Isidor und der Chronik auf gemeinsamer Benutzung der Annalen von Arles, nicht des Maximus beruhe. Indess müssen auch einige Gegengründe hervorgehoben werden. Die obige Vergleichung der drei Quellen ergiebt, das Maximus an der Stelle wahrscheinlich nicht vollständig erhalten ist: Es fehlen in den Noten zu Victor zwei Nachrichten,

---

1) Hertzberg S. 27. ff.

welche Isidor bringt, betreffend die Erhebung Gesalich's zu Narbonne, seine Niederlage bei Barcelona und seinen Tod, sie stammen aber wol ohne Zweifel aus Maximus, der gerade über Gesalich im Verhältniss genaue Nachrichten bringt. Ist aber einmal constatirt, dass Maximus nicht vollständig erhalten ist, so ist wenigstens die Möglichkeit vorhanden, dass auch alles, was Isidor mit der Chronik gemein hat, bei ihm gestanden hat und aus ihm in die beiden anderen Quellen übergegangen ist. Zu dieser Annahme kann nämlich der Umstand führen, dass Isidor und die Chronik eine Nachricht bringen, in welcher Zaragoza genannt wird. Sie lautet in der Chronik: „Gauterit comes Gothorum Ispanias per Pampilonem, *Caesaraugustam* et vicinas urbes obtinuit. Heldefredus quoque cum Vincentio Ispaniarum duce obsessa Tarracona maritimas urbes obtinuit." Bei Isidor: „[Euricus] [1]) Qui prius capta Pampilona, *Caesaraugustam* invadit, totamque Hispaniam superiorem obtinuit. Terraconensis etiam nobilitatem, quae ei repugnaverat, exercitus irruptione peremit." Diese Stelle hat [2]) Hertzberg offenbar zu der Vermutung geführt, dass Maximus in der Chronik benutzt sei, man wird jedoch von ihr zurückkommen müssen, wenn man bemerkt, dass sich zwischen der Chronik und den Fragmenten des Maximus sonst keine derartige Verwantschaft constatiren lässt, die auf Benutzung der letzteren durch erstere schliessen liesse. Zwar haben sie einige Nachrichten gemein, so die Notiz über die Eroberung von Arles und Marseille durch Eurich, über Eurich's Tod und Alarich's Erhebung, Alarich's Tod u. s. w., aber die Chronik ist dabei fast regelmässig um einige Angaben reicher, und diese ihre Nachrichten sind wol zweifellos den Annalen von Arles entnommen.

Es ist möglich, aber nicht zu erweisen, dass auch [3]) Maximus diese Annalen benutzt hat. Es lässt sich kaum mehr dafür anführen, als seine Nachricht: „Arelatum et Massilia a Gothis occupata sunt." Ganz unmöglich ist es jedoch, dass Isidor durch Maximus erst das überkommen habe, was er mit der Chronik gemein hat und was wir jetzt auf die arelatensischen Annalen zurückführen müssen.

Es bliebe noch der mögliche Fall zu erwägen, dass Isidor die Annalen nicht selbst benutzt, sondern deren Nach-

---

1) Text I bei Du Breul p. 400; Text II bei Labbe I, 66 nähert sich noch mehr dem Texte der Chronik.
2) Seite 71 f. n. 6.
3) Ohne Zweifel hat Maximus annalistische Aufzeichnungen von Zaragoza benutzt, für die ersten Nachrichten ausserdem vielleicht noch Idatius.

richten nur durch die kleine Weltchronik überkommen hätte, welche dann allerdings nicht im Jahre 733, sondern etwa um 600 abgefasst wäre. Es liesse sich allenfalls die Verwantschaft zwischen beiden auf diese einfache Weise erklären, aber es ist einmal schon an sich höchst unwahrscheinlich, dass Isidor die Chronik gekannt und so flickweise benutzt haben soll, wie es garnicht in seiner Art liegt, dann aber fanden wir bei Isidor, zum wenigsten im zweiten Text einige Notizen, welche die Chronik nicht brachte, welche nicht auf Maximus, wol aber auf eine gallisch-annalistische Quelle zurückgeführt werden durften. — Wir kommen also zu dem Resultat, dass Isidor und die Chronik aus derselben Quelle, das sind die Annalen von Arles, geschöpft haben, und zwar ist ihnen Isidor bei der Redaction des zweiten Textes öfter gefolgt, als im ersten Text seiner Gothengeschichte. — Es lässt sich bei Isidor aber nichts, was über das Jahr 508 hinausliegt, ihnen vindiciren, da nun auch die Chronik von 733 hier abbricht, so ist zu vermuten, dass die Annalen überhaupt nicht weiter gingen.

Die Chronik von 641 bringt zwei auf die Regierung des Westgothenkönigs Alarich's II bezügliche Nachrichten zum J. 496[1]: „Alaricus ann. XII regni sui ancones obtinuit," und zum Jahr 498: „Ann. XIIII Alarici Franci Burdigalam obtinuerunt et a potestate Gothorum in possessionem sui redegerunt capto Suatrio Gothorum duce." Sie finden sich in keiner anderen Quelle wieder und können schwerlich auf die Annalen von Arles zurückgeführt werden, obgleich wir deren Benutzung für die Chronik von 641 sonst annehmen mussten, denn die arelatensischen Annalen rechneten wol zweifellos nach Consulatsjahren, während diese beiden Nachrichten nach Regierungsjahren des westgothischen Königs datirt sind und die Quelle, der sie entnommen sind, rechnete allein danach, denn die zweite Notiz hat der Chronist fälschlich in das[2] 14. statt in das 24. Jahr Alarich's gesetzt, er hat XIIII für XXIIII gelesen und da ihm[3] das erste Jahr Alarich's gleich 485 ist, dieses Ereigniss, welches in Wirklichkeit 507 fällt, in das Jahr 498 gesetzt. Das konnte nicht geschehen, wenn die Quelle auch nach Consulatsjahren rechnete. Es scheint danach, dass das Exemplar der arelatensischen Annalen, welches der Chronist von 641 benutzte, früher abbrach, als

---

1) Cont. Havn. ed. G. Hille p. 31.
2) So Richter, Annalen zur dt. Gesch. I, 38 n. 3.
3) In Wirklichkeit ist 484 schon das [erste Jahr Alarich's II, vgl. Jahn, Gesch. der Burgundionen II, 214 n.

das, welches dem Chronisten von 733 vorlag, und dass darin anderweitige Zusätze gemacht waren. Die erste Notiz weiss ich nicht zu erklären; es scheint, dass in „ancones" ein verderbter spanischer Ortsname steckt. Zu den Jahren 494, 496, 497 meldet nämlich Maximus Unruhen und Kämpfe in Spanien, von denen wir sonst keine Kenntniss haben —

Der Bischof Marius von Avenches hat für seine Chronik ebenfalls annalistische Quellen benutzt, und zwar der erste Teil [1]) derselben ist eine Compilation [2]) der ravennatischen mit gallischen Annalen. Das beiden zugehörige lässt sich auf den ersten Blick unterscheiden: alle italischen Nachrichten sind dem ersteren, alle gallischen dem letzteren entnommen.

Marius beginnt seine Chronik mit den Worten: „Consule suprascripto levatus est Avitus Imperator in Gallias et ingressus est Theodoricus rex Gothorum Arelato cum fratribus suis in pace." Der erste Satz steht wörtlich so im Anonymus Cuspiniani, ist also aus den Annalen von Ravenna übernommen, der zweite Satz, wird man ohne Zögern sagen, muss auf eine in Arles entstandene Quelle zurückgehen, wir finden also auch bei diesem Chronisten Annalen von Arles benutzt. Auf sie müssen zurückgeführt werden die gallischen Nachrichten zu den Jahren 456, 460, 463, 467. Marius kommt es keineswegs auf Reichtum des Stoffes an, seinen uns bekannten Quellen, den ravennatischen Annalen und dem [3]) Fortsetzer der Chronik Marcellin's entnimmt er wenig, ebenso also wird er mit den Annalen von Arles verfahren sein, er bringt aus ihnen ja nur sechs Nachrichten, daher wird es sich erklären, dass wir bei ihm nicht mehr bestimmte Beziehung auf jenen Ort finden. Kännten wir die Ravennater Annalen nur aus Marius, so würden wir mit noch weniger Sicherheit den Ort ihrer Abfassung angeben können. Nun lässt sich doch noch eins dafür anführen, dass hier Annalen von Arles benutzt sind. Die Nachricht nämlich zum Jahr 460: „His coss. Majorianus Imperator profectus est ad Hispanias" ist nicht aus den ravennatischen An-

---

1) Wir rechnen den ersten Teil etwa bis 493.
2) Die Benutzung der ravennatischen Annalen ist nachgewiesen von Waitz in Nachr. d. Gött. Ges. d. Wiss. 1865. S. 89. Binding I, 54 n. 219 u. S. 274 führt aber irrtümlich alles was Marius bis 493 bringt auf die Ravennater Annalen zurück.
3) Nachgewiesen von Monod, études critiques p. 158. Derselbe bemerkt auch, Marius müsse für den früheren Abschnitt seiner Chronik bereits une chronique contemporaine écrite an midi de la France benutzt haben.

nalen genommen, wie es an sich wol möglich wäre, da keine andere Ableitung, namentlich der Anon. Cusp. nicht, sie bringt. Nun wissen wir, und haben schon oben erwähnt, dass Majorian sich längere Zeit in Arles aufgehalten hat, nämlich etwa das Jahr 459 hindurch bis April 460, dass er sich von dort aus direct nach Spanien wante, wir wissen ferner aus der Chronik von 733, dass Kaiser Majorian's Aufenthalt in und seine Abreise von Arles in dort abgefassten Annalen bemerkt war, daher deutet jene Notiz bei Marius auf eine in Arles entstandene Quelle. Die Chronik von 733 sagt: „Profectus autem ex Arelate ad *Italiam* (sc. Maiorianus)". Das bezieht sich auf einen zweiten Aufenthalt des Kaisers in Arles in der ersten Hälfte des Jahres 461, die Quelle meldete aber gewiss zweimal des Kaisers Ankunft und Abreise von Arles. Es ist sonach wahrscheinlich, dass Marius und der Chronist dieselben Annalen benutzt haben. Nun fanden wir oben zwischen Marius und der Chronik in einigen Nachrichten so wörtliche Uebereinstimmung, dass wir annehmen mussten, letztere habe ersteren benutzt, vielleicht erklärt sich aber ihre Verwantschaft schon durch gemeinsame Benutzung derselben Quelle, denn gerade diejenigen Nachrichten, welche wir bei Marius auf die Annalen von Arles zurückführen mussten, finden sich auch in der Chronik wieder, während die entsprechenden Nachrichten beider über italische Ereignisse mehrfach von einander abweichen. Ueberhaupt reicht die Verwantschaft zwischen ihnen nicht weiter, als bis zum Jahr 467 d. h. gerade soweit, als die Benutzung der arelatensischen Annalen bei Marius. Sie hört auf mit der Notiz zum Jahr 467: Eo anno interfectus est Theodoricus rex Gothorum a fratre suo Euthorico Tholosa. Dieselbe Notiz in der Chronik „Theudericus rex Gothorum ab Eurico fratre suo Tolosa occiditur" kann davon abgeschrieben sein, wenn sie dann aber weiter unten die Nachricht bringt: „Mortuus est Eoricus Arelate et ordinatur filius suus Alaricus Tolosa", so kann man kaum zweifeln, dass wie die letztere, so auch jene erstere Notiz in ihrer annalistischen Quelle stand. Auch die Nachricht über die Schlacht zwischen Aegidius und den Gothen an der Loire haben Marius und die Chronik gemein: Wir besprachen die Stelle schon oben und mussten annehmen, dass der Chronist von 733 sie zum Teil wenigstens seiner annalistischen Quelle entnahm, weil er die Franken als Teilnehmer an diesem Kampfe, Aegidius dagegen nicht, nennt. — Es ist also möglich und vielleicht wahrscheinlich, dass die Verwantschaft zwischen Marius und der Chronik auf Benutzung gemeinsamer Quelle beruht, strict beweisen lässt es sich selbstverständlich nicht. — Marius hat zum Jahr 456 die Nachricht: „Eo anno Burgundiones partem Galliae occupaverunt, terrasque cum Galliis senatoribus diviserunt." Sie findet sich auch zum Jahr 457 in der Chronik von 641: Gundiocus rex Burgundionum cum gente et omni praesidio annuente sibi Theudorico ac Gothis intra Galliam ad habitandum ingressus, societate et amicitia Gothorum functus. Verwantschaft zwischen beiden Stellen existirt offenbar nicht, es ist aber dennoch wol möglich, dass sie auf eine Quelle zurückgehen, wenn man beachtet, dass in der Chronik von 641 sowohl die ravennatischen, als die gallischen Annalen in überarbeiteter, zum Teil auch sachlich erweiterter Gestalt erscheinen. —

So dürftig das Quellenmaterial auch ist, so wenig sicher die Resultate sein können, so lässt sich doch wol soviel mit einiger Bestimmtheit erkennen: Der Chronist von 733, Isidor, Marius von Avenches und Cassiodor—Jordanis haben Annalen von Arles benutzt, welche in Charakter und Form den Annalen von Ravenna ähnlich sind, sie erscheinen mit diesen dann auch verbunden bei Gregor v. Tours und in der Chronik von 641, von diesen beiden wol schon in der Verbindung benutzt. Marius und Cassiodor—Jordanis haben beide Annalen wol in getrennten Exemplaren gehabt, in der Chronik von 733 erscheinen ebenfalls beide, doch nebeneinander nur bis etwa 455, da hört die Benutzung der ravennatischen Annalen auf, während die arelatensischen erkennbarer hervortreten. Consularannalen, wie die von Arles und Ravenna waren ausserordentlich verbreitet, sie bilden die chronologische Grundlage für alle annalistischen Quellen, wurden vielfach abgeschrieben, erweitert, verkürzt, mit anderen Stücken verbunden, es kann daher nicht Wunder nehmen, wenn mehrere Autoren sie neben einander benutzen, wenn wir sie in mannigfaltiger verschiedener Form bei vielen Autoren antreffen. — Weiter verbreitet als die Annalen von Arles sind die von Ravenna, weil letztere, in der fast ständigen Residenzstadt der Herrscher Italiens abgefasst, von allgemeinerem Interesse waren. Die Annalen von Arles sind namentlich für die westgothische Geschichte in der zweiten Hälfte des fünften Jahrhunderts von Wichtigkeit.

Von Marius, Gregor v. Tours und auch[1]) Fredegar sind nach andere gallische Annalen benutzt, welche mit denen

---

1) H. Brosien, Kritische Untersuchungen zur Gesch. Dagobert's I. S. 20 ff.

von Arles durchaus in keiner Verbindung stehen. So ist es namentlich nachgewiesen, dass [1] Marius vom Jahre 500 ab und Gregor gemeinsam aus burgundischen Annalen geschöpft haben. Noch eine dritte annalistische Quelle hat [2] Gregor für die Geschichte des Frankenkönigs Childerich benutzt, sie scheint in einer Stadt des mittleren Frankreich, vielleicht in [3] Angers, entstanden zu sein. Derselben sind wahrscheinlich alle übrigen als annalistisch erkennbaren [4] Nachrichten im zweiten Buche der Frankengeschichte Gregor's entnommen.

[1] Von W. Arndt in v. Sybel's Hist. Zeitschr. 28, 415 ff. gegen Monod, études crit. p. 160 s. und Binding I, 277 f.
[2] Hist. eccl. Franc. II, 18. 19. vgl. Junghans S. 13 ff.
[3] Greg. II, 19: Veniente vero Adovacrio Andegavis, Childericus rex sequenti die advenit, interemtoque Paulo Comite, civitatem obtinuit. Magno ea die incendio domus ecclesiae concremata est. Da wo die Kirche verbrannt ist, sind die hier zu Grunde liegenden Annalen entstanden, man kann, da nur zwischen Angers und Tours schwanken.
[4] z. B. II, 11: In Galliis autem ,Aegidius ex Romanis 'magister militum datus est; II, 20 Eorichus obiit autem anno vigesimo septimo regni sui. Fuit etiam et tunc terraemotus magnus. II, 27 Chlodovechus rex cum Alarico rege Gothorum in campo Vogladense decimo ab urbe Pictava milliario convenit.

Chronici a. 733 altera pars
inde ab anno 379 usque ad finem.

Prosp. (Chr. imp.)		Gratianus post obitum patrui ann. V cum Valentiniano parvo fratre.
(Oros.)	379. I.	Gratianus Theodosium, filium Theodosii Comitis, electum Sirmii, Orientis praefecit imperio.
Rufin., Chr. imp. (Prosp.?)	383. V.	Occisus est Gratianus per fraudem Maximi tyranni Lugduno, quo fugerat, Andragaiso duce. Valentinianus iunior post fratrem ann. VIII.
Chr. imp.	384. I.	Ambrosium Justina Valentiniani mater pro Ariana haeresi obpugnat.
Chr. imp. (Oros.)	386. III.	Valentinianus ad Theodosium fugiens cum ipso ab Oriente Italiam rediit.
Idat. — Chr. imp.	388. V.	Occisus est Maximus tyrannus Aquileja. Justina mater Valentiniani mortua est.
Chr. imp., Rufin.		Apollinaris qui supra haereticus de anima Christi.
Ann. Rav. — Idat., Oros.	391. VIII.	Signum in caelo, columna pendens per dies XXX. Valentinianus apud Viennam strangulatus dolo Arbogastis Comitis. Eugenius fit tyrannus.
Cat. Impp.	(392).	Theodosius post Valentinianum annis tribus,
Rufin., Chr. imp.	393. II.	Theodosius Arcadium filium suum Orienti praeficiens contra Eugenium properans vicit.
Idat.	394. III.	Theodosius videns se in extremis Honorium alterum filium Occidenti praefecit: ipse vero Mediolani obiit.
Cat. Impp.	(395).	Arcadius Orienti et Honorius Occidenti simul annis XII.
Chr. imp.		Obiit S. Martinus episcopus.
Idat.	398. III.	Natus Arcadio in Oriente filius Theodosius iunior.
Ann. Rav. cf. Cont. Havn.	400. V.	Alaricus rex Gothorum Alpes Julias rumpens Italiam ingreditur.
Chr. imp.	401. VI.	Sanctus Augustinus plurima scribit. Severus vitam S. Martini scribit.
Ann. Rav.-Chr. imp. (Idat? Ann. Rav.?)	402. VII.	Theodosius iunior et Augustus factus est. Sol eclipsim passus.

404. IX. Radagaisus rex Gothorum Italiam ingressus, in Tuscia ab Stilicone cum suis extinguitur. — Prosp., Chr. imp., Oros. (Ann. Rav.?)
405. X. Alani et Vandali et Suevi Gallias ingessi sunt. — Prosp., Oros.
407. XII. Obiit Arcadius parvo filio Theodosio Orientis imperium relinquens. — Chr. imp.
Honorius post fratrem cum Theodosio iuniore nepote suo ann. XVIII. — Cat. impp.
409. II. Alani, Vandali et Suevi Hispanias ingressi Era CCCCXLVI. — Idat.
410. III. Alaricus Romam ingressus. Capta Placidia. — Idat.
Mortuo Alarico Ataulfus rex Gothorum. — Ante biennium irruptionis Rome excitate gentes ab Stilicone et filio eius Eucherico. — Idat. Oros.
412. V. Alani Carthaginensem et Lusitaniam sortiuntur; et pars Vandalorum, qui Silingi dicebantur, Bethicam insederunt: reliqui vero Vandali cum Suevis Galleciam sortiti sunt. — Idat.
414. VII. Gothi Narbonam ingressi. — Idat.
416. IX. Ataulfus Placidiam duxit uxorem. — Idat.
417. X. Occiso Ataulfo apud Barcinonam Valia regnat Gothis, qui mox pace cum Canstantino Patricio facta, Alanis et Vandalis, qui Lusitaniam et Bethicam tenebant, bellum infert. — Idat.
418. XI. Constantius Patricius redditam Placidiam duxit uxorem. — Idat. (Oros.)
Valia extinguit Alanos cum rege eorum Addace et Silingos qui erant Bethica. Vandali iubente Constantino intermisso bello quod intra Gallaeciam supererat. Reversi Gothi ad Gallias sedes··accipiunt a Tolosa in Burdegalem ad Occeanum usque. — Idat.
420. XIII. Inter Gundericum qui Vandalis et Hermericum qui Suevis regnabant dissensione orta, Suevi a Vandalis in Erbasorum montibus obsidentur. — Idat.
421. XIIII. Vandali omissa Suevorum obsidione, relicta Gallaecia Beticam transierunt. Valentinianus nascitur Ravenna et Constantius in consortium regni assumitur et post mensem sextum moritur. Bonifacius Africam invadit. — Idat. Ann. Rav. Prosp. Idat.
425. XVIII. Honorius actis tricennalibus suis · moritur Ravenna. Placidia in insidiis a fratribus deprehensa exiliatur. Joannes ex Primicherio Notariorum arripit tyrannidem, post annum occisus. Theodosius post Honorium patruum suum cum Valentiniano amitae filium regnat ann. XXV. a) — Idat. Chr. imp. (Idat.)
430. V. Vandali Balearicas insulas praedantur et eversa Carthagine Spartaria et Hispali, depredata Spania, arreptis navibus Mauritaniam petunt rege Genserico. Nam Gundericus frater ipsius, dum capta Yspali impias manus in ecclesiam vellet extendere, doemone correptus mortuus est. — Idat.

---

a) Fl: XXX.

Chr. Imp. (Prosp.)	433. VIII.	Aëcius magister militum Hugnos in auxilium suum ad Romanum advocat solum, quibus rex erat tunc Ruga. Sed Aëcius in gratiam redit imperii. Defuncto Ruga Attila rex.
Prosp. (Ann. Rav.?) Idat.	437. XII.	Valentinianus Orientem vadit, uxorem accepturus. Narbona a Gothis obsessa.
Ann. Rav. — Idat.	438. XIII.	Valentinianus redit. Burgundiones b) victi ab Aëcio Patricio.
Chr. Imp.		Theodosianus liber legum editus.
Chr. Imp., Prosp. — Ann. Rav.	439. XIIII.	Carthago capta a Genserico et Eudoxia Ravenna regnum accepit.
Chr. Imp.	(440).	Episcopus Romae XL c) Leo.
Chr. Imp.	441. XVI.	Brithaniae a Romanis amissae in ditione Saxonum cedunt.
Idat.	450. XXV.	Obiit Theodosius iunior Constantinopoli. Obiit Placidia Romae. Valentinianus post Theodosium patruum suum regnavit Romae annos alios V. Marcianus post Theodosium Constantinopoli regnat.
Ann. Arel.	451. I	anno Aëcius Patricius cum Theodorico rege Gothorum contra Attilam regem Hugnorum Tricasis pugnat loco Mauriacos; ubi Theudoricus a quo occisus incertum est, et Laudaricus cognatus Attilae; cadavera vero innumera.
Idat.		Eupronius episcopus Augustoduno sepelitur.
Ann. Rav. Chr. Imp. Ann. Arel.	(452).	Regrediens Attila Aquilejam frangit, qui et antea plus LXX civitates Orientis vastavit.
	453. III.	Thurismundus rex Gothorum Arelatem circumspectat, qui a fratribus suis occisus est. d) Attilla occiditur.
Idat. Prosp. Idat.	455. V.	Valentinianus interficitur foris Romae: post quem Maximus diebus LXX adeptus imperium, nam terrore Wandalorum tumultu vulgi occisus est; et mox ingresso Genserico sine ferro et igne Roma praedata est. Et post Avitus Imperator.
Cat. Impp.		Martianus post quinque annos quibus cum Valentiniano regnavit aliis annis II. Avitus cum eo annum I et menses III.
Idat., Ann. Arel.?	457. II.	e) Martinianus obiit et Avitus occisus est a Maioriano Comite domestico Placentiae.
Cat. Impp.		Leo Constantinopoli ann. XXI. Maiorianus Romae cum Leone regnat anni III, menses VI.
Ann. Arel. — Idat. Mar. Ann. Arel. (Mar.?)	460. III.	Maiorianus ingressus Arelatem, qui volens Africam proficisci naves eius in Hispaniis a Wandalis captae sunt iuxta Carthaginem Spartariam. Profectus autem ex Arelate ad Italiam a Patricio Recimere occiditur Dertona et levatus est Severus de Lucaniis Imperator simul et Consul ann. IIII.

b) Fl: Burdiones. c) Fl: X, in Chron. imperiali XL legitur. d) Fl: occisus ab Attila. e) l. Martianus.

462. V. Fredericus frater Theuderici regis pugnans cum Francis occiditur juxta Ligerim — Mar. Idat., Ann. Arel.
467. X. Theudericus rex Gothorum ab Eurico fratre suo Tolosa ociditur. — Mar.
Obiit Severus Imperator et levatus est Anthimius Romae ann. V. f) — Ann. Arel?
471. XIII. Antimolus a patre Anthimio Imperatore cum Thorisario, Everdingo et Ermano Comes Stabuli Arelate directus est, quibus rex Eoricus trans Rodanum occurrit, occisisque ducibus omnia vastavit. — Ann. Arel.
472. XV. Anthimius Imperator act'o intra urbem civili bello a Ricimere vel Gundebado extinctus est. — Ann. Arel.
473. XVI. Gauterit Comes Gothorum Ispanias per Pampilonem, Caesaraugustam et vicinas urbes obtinuit. Heldefredus quoque cum Vincentio Ispaniarum duce obsessa Tarracona maritimas urbes obtinuit. Vincentius vero ab Eorico rege quasi magister militum missus ab Alla et Sindilla comitibus Italia occiditur. — Ann. Arel? cf. Isid. hist. Goth.
477. XX. Arelato capta est ab Eorico cum Massilia et ceteris castellis. — Ann. Arel.
(479). Zeno Augustus ann. XIII. — Cat. impp.
485. VII. Mortuus est Eoricus Arelate et ordinatur g) filius suus Alaricus Tolosa. — Ann. Arel.
489. XI. Theodoricus expulsus a Zenone Imperatore ingressus Italiam fugato Unulfo et occiso Odofagro. — Ann. Arel? cf. Isid. hist. Goth.
(491). Regnavit Anastasius Augustus ann. XIX. — Cat. impp.
506. XV. Occisus Alaricus rex Gothorum a Francis. Tolosa a Francis et Burgundionibus incensa et Barcinona h) a Gundefade Burgundionum (rege) i) capta et Geselerycus rex cum maxima suorum clade ad Ispanias regressus est. — Ann. Arel. cf. Isid. hist. Goth.
510. XIX Anastasii Imperatoris anno consulatus fuit k) Felici et Secundini, indictio fuit IIII, era DXLVII. l)
Ab hoc consule qui vult per indictiones computet vel per eram. Ab era usque in nostris temporibus, in quo est era DCCLXXI, creverunt anni CCXXIIII. Fiunt ab initio anni V̄ DCCCXXXI.
Ante annos urbis conditae .... Pentiselea — ex Oros.
regnavit.
   Hucusque Severus qui et Sulpitius.

---

f) Fl: X. g) Fl: ordinate. h) l. Narbona. i) Fl. omittit: rege. k) Fl: fuit et felici succedit indictio. l) Fl. DXVII.

Druck der Gebrüder Hofer in Göttingen.